메노라 구원의 여정

메노라 구원의 여정

인은경

어떻게 살아야 구원을 받을 수 있을까?

ohk

메노라, 구원의 여정

초판 발행 2025년 5월 20일
지은이 인은경
책임편집 오혜교
디자인 구름양
펴낸곳 OHK
출판신고 2018년 11월 27일 제2018-000084호
주소 경기도 파주시 회동길 219 2층
전화 1800-9386
이메일 soaprecord@gmail.com
홈페이지 www.r2publik.com

ISBN: 979-11-94050-35-3

이 책은 저작권법에 따라 보호받는 저작물이므로 무단전재와 무단복제를 금지하며,
이 책 내용의 전부 또는 일부를 이용하려면 반드시 저작권자와 OHK의
서면동의를 받아야 합니다.

이 예언의 말씀을 읽는 자와 듣는 자와
그 가운데에 기록한 것을 지키는 자는 복이 있나니 때가 가까움이라

_요한계시록 1장 3절

들어가며

이 책은 구원에 관한 이야기입니다. '구원'이라는 사건은 정말 일어나기 힘든 사건입니다. 그러나 분명, 전혀 일어나지 않는 사건도 아닙니다. 그렇다면, 어떻게 살아야 구원을 받을 수 있을까? 저는 이 질문에 대한 답을 제시해드리기 위해 이 책을 쓰게 되었습니다. 크리스천은 구원을 위한 여행을 시작한 사람들입니다. 그런데 크리스천에게 어떻게 해야 구원을 받는지, 그 구원의 여정이 어떠한지 물어보면 속 시원하게 알려주는 사람이 없습니다.

어떤 기독교인은 뜬구름 잡듯이 이야기를 하며, 어떤 기독교인은 유튜브 설교말씀을 들으며 혼자서 예배드리고, 어떤 기독교인은 무조건 열심히 교회 다니면서 기도하고 전도하면 된다고 합니다. 어떤 기독교인은 삶을 뒤로하고 놀라운 능력의 사람을 따라다니는 것을 신앙생활의 전부로 여기는 경우도 있으며, 어떤 기독교인은 성경의 비밀을 알아야 한다고 수백, 수천만원 짜리 세미나를 쫓아다니기도 합니다. 성경에 이토록 잘 나와 있는데도 그 구원의 과정을 잘 모르고 길을 헤메는 모양들을 보면 너무나 가슴이 아픕니다.

저는 성경학자나 신학자가 아닙니다. 심지어 목사도 아니고 이제 막 목회를 시작하는 전도사입니다. 히브리어 자음을 독학으로 공부하고, 유대문화에 대해 관심을 갖게 되면서 모두 하나의 길로 통한다는 것을 알게 되었습니다. 그리고 그것을 '메노라, 구원의 여정'이라 부르기로 하였습니다. '메노라'가 살구나무를 형상화 한(출 25:31-40) 촛대인데, 살구나무는 '지키다'라는 뜻을 가지고 있는 히브리어와 동일한 자음으로 구성되어 있어(렘 1:11-12), 마치 구원의 여정, 그 지도를 위한 준비된 도구와 같게 느껴졌습니다. 실제로 요한계시록에서 말씀을 지키는 것은 구원받기 위해 매우 중요합니다.

요한계시록 1장 3절
이 예언의 말씀을 읽는 자와 듣는 자와 그 가운데에 기록한 것을 지키는 자는 복이 있나니 때가 가까움이라

요한계시록 22장 7절
보라 내가 속히 오리니 이 두루마리의 예언의 말씀을 지키는 자는 복이 있으리라 하더라

 요한 사도는 서론적으로 이 말씀을 읽고 듣고 지키라고 말씀하지만 결론적으로는 이 말씀을 지키라고 당부합니다. 요한계시록은 '처음부터 끝까지 어떠한 사람이 구원받느냐?'에 대한 질문과 답으로 이루어져 있기에, 이 구절의 비교는 구원을 받기 위해 말씀을 지켜 행하는 것이 매우 중요함을 나타냅니다.

 이 책을 읽는 것은, 읽기 전과 이후가 달라지는 하나의 사건이 될지 모릅니다. 하지만, 그것보다 더 중요한 것은 이 책을 읽고 깨달은 바를 각자의 자리에서 지켜 행하시는 것입니다. 저는 하나님의 뜻 안에서 저에게 알려주신 구원의 길을 최대한 쉽고 분명하게 제시할 것입니다. 그러나 그것을 지켜 행하는 것은 인간으로서는 불가능할 것입니다. 낙타가 바늘귀에 들어가는 것만큼이나요. 그러나 하나님으로는 다 하실 수 있기에(마 19:24-26), 겁먹으실 필요 없습니다. 일단, 시작해보겠습니다. 출발합시다!

목 차

히브리어 자음에
나타난 요한계시록

1장. 십자가, 구원의 사인   20
2장. 심겨짐, '불(부수다), 시작, 바늘 귀'   27
3장. 자람, '낚시 바늘, 입, 눈'   37
4장. 열매 맺음, '그리스도 안에, 희년, 물(파도)'   51
5장. 위대한 추수, '심판, 해방, 하나님의 손'   62
6장. 천년 왕국 - 사망의 심판, '뱀, 울타리, 무기(cut off)'   69
7장. 일곱 우레, '그리고, 보라, 문'   75
8장. 천국 창고, '낙타, 집, 수소'   80

이스라엘 절기에 나타난 요한계시록

1장. 유월절 90
2장. 무교절 98
3장. 초실절 108
4장. 오순절 119
5장. 나팔절 129
6장. 초막절 139

본문에 언급되는 7대 절기

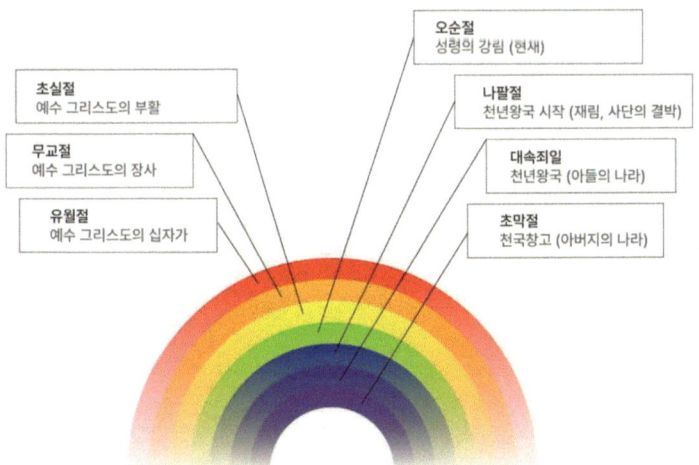

제1권

메노라, 구원의 여정

히브리어 자음에 나타난 요한계시록

1장.
십자가, 구원의 사인

'진리'라는 히브리어 '에메트'는 '엘로힘' '멜렉' '타미드' 세 단어들의 첫 자들로 만들어졌다고 합니다. 히브리어는 단어가 이런 식으로 문장이 되기도 하는데, 이 문장의 뜻은 '하나님은 언제나 왕이시다.'입니다. 아멘. 오직 '하나님께서 영원히 왕이신 것'이 인류의 마음속에 영원한 진리가 되어야 할 줄 믿습니다. 또한 이 '에메트'의 자음들, 알레프 멤 타브를 잘 보면, 히브리어 자음의 첫 자이며 끝 자입니다. '멤'은 '물' 곧 '예수님'을 의미합니다(요 4:10; 요 7:38). 즉, 진리는 처음부터 끝까지 예수이신 것입니다. 예수로 시작하고 예수로 끝나는 것이 진리이며, 모든 것이 예수로 통하는 것이 진리입니다.

1장의 제목인 십자가는 바로 히브리어 자음의 맨 마지막 글자인 '타브'입니다. 히브리어 자음들은 각각 의미를 가지고 있는데, '타브'는 십자가를 의미하는 것입니다. 이 히브리어 자음들이 쓰여있는 것을 거꾸로 보면, 하나의 지도와 같습니다. 어디로 가는 지도일까요? 주님께로 가는 진리의 지도, 히브리어 자음의 첫 자인 '알레프', 즉 하나님께로 가는 지도인 것입니다.

자, 그렇게 본다면 신앙의 시작은 무엇입니까? 십자가입니다. 바로 십자가가 크리스천의 신앙의 시작인 것입니다. 예수님의 마지막 사역이 십자가였다면, 그것을 우리에게 넘겨주십니다. 그리고 그것을 받을 때, 우리 구원의 여정이 시작됩니다. 육신의 사람들은 그 인생이 탄생에서 시작해서 죽음으로 끝나지만, 크리스천의 신앙생활은 십자가에서 시작해서 영원한 생명, 부활로 끝이 나게 설계되어 있는 것입니다.

본문에 언급된 히브리어 설명

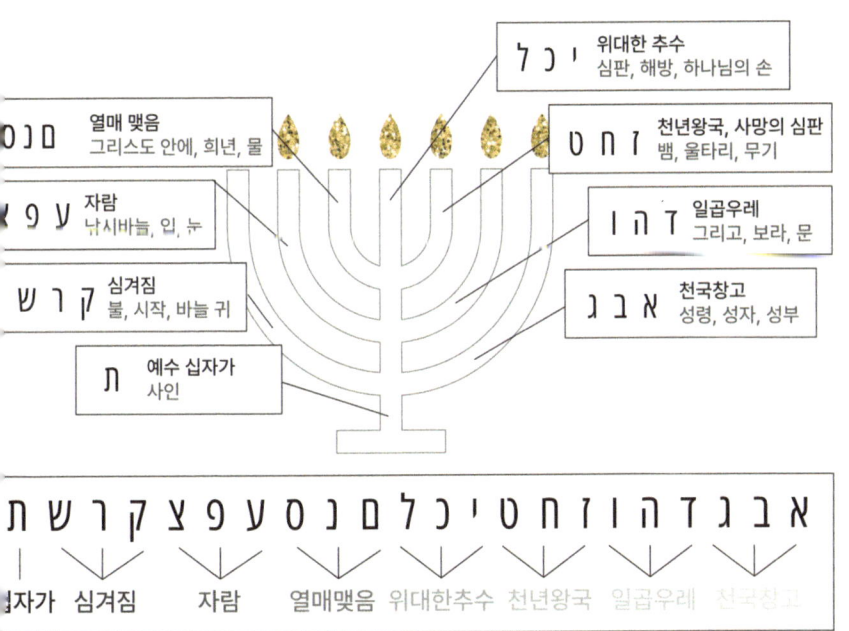

이 구원의 여정의 지도를 조금만 더 설명드리면, 히브리어 자음은 22개인데, 이 지도에서 첫 번째 자음은 '알레프'가 아닌 '타브'입니다. 메노라의 손잡이가 타브가 되는 것입니다. 이것을 처음으로 하여 나머지 자음들이 셋이 한 묶음이 됩니다(성부, 성자, 성령 세 분이 하나가 되는 것). 즉, 나머지 21개 자음이 7개의 이야기가 되는 것입니다. 이 구성은 놀랍도록 단순합니다. 또한 이 구원의 여정은 하나님께서 이미 작정하시고 계획하신 분명한 순서대로 차례차례 진행됩니다(엡 1:11). 이것은 농부이신 하나님(요 15:1)께서 알곡인 성도들을 천국 창고에 들이시는 과정이며, 여기에 요한계시록에 기록된 말씀들이 자연스레 스며들어 있습니다.

사인은 영어로 sign이라고 쓰는데, 이것은 두 가지의 의미가 있습니다. '표적'이라는 뜻과 '표지판'이라는 뜻입니다. 십자가는 '구원의 표지판'입니다. 그런 의미에서 시작입니다. 우리는 십자가라는 표지판을 보고, 아, 이 사인이 구원의 길, 천국으로 향하는 그 표지판이구나! 알 수 있는 것입니다. 구약의 에스겔을 보면 에스겔 선지자가 하나님의 뜻에 따라 예루살렘 성읍의 가증한 일들 때문에 탄식하며 우는 자의 이마에 표를 그리게 되는 말씀이 나옵니다(겔 9:4). 여기서 '표'는 히브리어로 '타브'입니다. 에스겔이 이마에 십자가 표를 했었다고 생각하면, 우리 크리스천은 "아하!" 하며 무릎을 치게 됩니다. 또한 십자가는 구원의 표적이기도 합니다. 성경에서 예수님은 무슨 표적을 보라고 하십니까? 바로 '요나의 표적'입니다.

마태복음 16장 4절
악하고 음란한 세대가 표적을 구하나 요나의 표적 밖에는 보여 줄 표적이 없느니라 하시고 그들을 떠나 가시니라

'요나의 표적'이 무엇입니까? 죽었다가 사는 표적입니다. 즉, '십자가와 부활의 표적'입니다.

고린도전서 1장 22-24절

22 유대인은 표적을 구하고 헬라인은 지혜를 찾으나 23 우리는 십자가에 못 박힌 그리스도를 전하니 유대인에게는 거리끼는 것이요 이방인에게는 미련한 것이로되 24 오직 부르심을 받은 자들에게는 유대인이나 헬라인이나 그리스도는 하나님의 능력이요 하나님의 지혜니라

예수 그리스도의 십자가는 하나님의 능력이며 또한 지혜인 것입니다. 이렇게 십자가는 표적이며 표지판 즉 'sign'입니다. 이 '구원의 여정'의 첫 관문은 십자가입니다. 십자가는 많은 이들이 예수님을 믿는 것에 대한 표식으로 알고 있습니다. 그런데 이 십자가는 사실, 로마의 무시무시한 '사형 틀'이었습니다. 하나님께서는 많고 많은 구원의 사인들 중에 하필, 이 '사형 틀'을 선택하셨을까요? 이 세상에는 예쁘고 희망적이면서 모든 사람들이 즐거워할 만한 표식도 너무나 많은데 말이지요. 그 이유는 바로, 거룩하신 하나님께서, 우리를 묶고 있는 '죄'의 문제를 간과하실 수 없었기 때문입니다. 하나님은 사람과 교제하기 원하시지만, 우리의 존재는 아담의 죄 이후로, '죄의 사슬'에 칭칭 감겨있기 때문입니다.

이 엄청난 문제를 해결하려면, 방법은 단 한 가지입니다. 모든사람들이 이 죄와 함께 '죽음'당해야 합니다(창 2:17). 내가 아무리 선한 삶을 살았다고 주장할지라도, 나의 주인이 '죄'이기 때문에(롬 6:17), 우리의 소속은 단순히 '죄'인 것입니다. 네, 좋습니다! 죽음? 어차피 인생에서 한 번은 죽는 것, 받아들일 수 있습니다. 식물들도 동물들도 인간들도 모두 죽으니까요(히 9:27). 그러나 이 죽음은, 구원을 위한 죽음이 아니라고 합니다. 모든 생물의 죽음은 단지 흙에서 왔으니 흙으로 돌아가는 '생명체의 죽음'이니까요(전 3:20).

 그러면, 우리는 어떻게 죽어야 구원을 받을 수 있을까요? 우리의 마음을 다해 자신의 존재가 십자가 사형 틀에서 죽임 해도 좋은 사형수라는 것을 '인정'하고, 죄를 '고백'하면 됩니다.

2000년 전, 세례 요한은 제사장 가문에 속한 자로 하나님께 택함받아 광야로 나갔습니다. 진정한 제사장이 되기 위함이었습니다. 그리고 그는 예수 그리스도, 하나님의 어린 양에게 인류의 죄를 전가하기 위한 대제사장으로 준비되었고, 요단강에서의 세례를 통해 그것을 이루게 되었습니다. 그리고 하나님의 어린 양이신 예수님께서는 골고다 언덕, 돌 제단 위에 나무 십자가에 달려 성령의 불로 번제 드려졌습니다. 이 때, 예수 그리스도께서 십자가에서 '사형수'로 돌아가셨습니다. 그런데, 그 죄는 예수 그리스도의 것이 아니었습니다. 전 인류의 것, 특히 '나 자신'의 것이었습니다.

율법의 613가지 조목을 모두 다 지켜야 의인이며, 한 가지라도 범하면 율법 모두를 범한 자가 된다(약 2:10)는 말씀에 의해 나는 죄인, 즉 '사형수'인 것입니다. 로마서 1장 29절부터 나오는 죄의 목록 중 단 한 가지라도 마음에 걸리는 것이 있다면 우리 모두는 '사형수'인 것입니다(롬 1:29-32). 가장 중요한 점은, 예수님께서 사형수로 돌아가셨으므로, 사형수가 아닌 사람(혹은 자신이 사형수가 아니라고 생각하는 사람)은 예수님의 죽음과 그다지 큰 관련이 없다는 것입니다. 예수님의 죽음이 나의 죽음이 되려면, 나의 존재가 100% 죄인이며, 나의 존재 안에 1% 아니, 0.0000001%의 의로움도 없다는 것을 '인정'해야 합니다(롬 6:4).

아무리 인정하려 해봐도 인정이 되지 않는다고요? 네. 걱정하지 마십시오. 기도하면, 하나님께서 인정할 수 있게 해 주십니다. 자신을 보는 영의 거울인 '말씀과 기도'를 더욱 가까이 하십시오. 그러면, 자신의 추악하고 더러운 모습이 보이기 시작할 것입니다. 심지어, 쥐 구멍에라도 숨고 싶을 정도로 하나님 앞에서 창피한 마음이 들기 시작한다면, 바로 그 때가 구원의 사인, 십자가가 보이기 시작하는 때입니다.

2장.
심겨짐, '불(부수다), 시작, 바늘 귀'

누가복음 19장 6-9절
6 급히 내려와 즐거워하며 영접하거늘 7 뭇 사람이 보고 수군거려 이르되 저가 죄인의 집에 유하러 들어갔도다 하더라 8 삭개오가 서서 주께 여짜오되 주여 보시옵소서 내 소유의 절반을 가난한 자들에게 주겠사오며 만일 누구의 것을 속여 빼앗은 일이 있으면 네 갑절이나 갚겠나이다 9 예수께서 이르시되 오늘 구원이 이 집에 이르렀으니 이 사람도 아브라함의 자손임이로다

요한복음 12장 24절 말씀처럼, 한 알의 밀이 땅에 떨어져 죽어야만, 많은 열매를 맺을 수 있습니다. 우리 신앙의 시작은 이처럼, '죽음'으로 시작합니다. 예수 그리스도의 십자가를 구원의 사인으로 분명히 바라보았다면, 다음으로, 당신에게는 삭개오(눅 19:6-9), 제자들(눅 18:28-29)이 한 것과 같은 산 제사가 필요합니다.

누가복음 18장 28-30절
28 베드로가 여짜오되 보옵소서 우리가 우리의 것을 다 버리고 주를 따랐나이다 29 이르시되 내가 진실로 너희에게 이르노니 하나님의 나라를 위하여 집이나 아내나 형제나 부모나 자녀를 버린 자는 30 현세에 여러 배를 받고 내세에 영생을 받지 못할 자가 없느니라 하시니라

십자가를 의미하는 '타브' 그 다음(히브리어 자음을 뒤에서부터 거꾸로 진행합니다.) 자음인 쉰은 '불'을 의미합니다. 불은 성령을 의미하며, 모든 것을 소멸하고 부수고 태웁니다. 예수 그리스도를 주인으로 삼은 당신에게 그 외의 것은 아마도, 배설물과 같은 것이 될 것입니다(빌 3:8). 배설물은 태워버려도 상관없는 것이지요. 혹, 마음에서 그렇게 못하시더라도 염려하지 마십시오.

진심으로 주께 구한다면, 하나님께서는 멸망 당할 이 땅에 굳건히 뿌리박은 나의 존재를, 완전히 뿌리 뽑아 하늘에 뿌리박도록 도와주실 것입니다.

이것을 '심겨짐'이라 말합니다. 땅, 세상 나라에 심겨지는 것이 아니라 하늘 나라에 심겨지는 과정입니다. 이것을 '불 세례(눅 12:49)'라고 부릅니다. 하나님을 위한 에너지를 하늘로부터 받는 것입니다. 불 세례를 받으면 가슴이 뜨거워집니다. 주님을 따르기 위해 내 모든 것을 불태우는 과정입니다. 러너가 되기 위해 짧고 가벼운 운동복 하나 외에는 다 벗어버리는 것처럼, 하나님의 나라를 소유하기 위해 자발적으로 내가 가진 모든 것을 내려놓는 것입니다. 이것이 '믿음의 시작'이요, 우리의 '산 제사'입니다. 낙타가 '바늘귀'에 들어가기 위해(눅 18:21-30) 얇디얇은 실이 되는 과정입니다.

그다음 히브리어 자음 '레쉬'는 말 그대로 시작과 머리를 의미합니다. 이제 구원의 여정이 시~작! 된다는 것이지요.

그다음 히브리어 자음 '코프'는 '바늘 귀'를 의미하기도 하고, '거룩'을 의미하는 '카도쉬'의 첫 자가 되기도 합니다. 참된 거룩함이란, 낙타가 바늘 귀를 뚫는 것과 같은 어려움이 동반되는 것입니다. 히브리어는 동사 중심의 언어인데, '거룩하다'라는 동사는 '구별하여 바치다, 봉헌하다'라는 뜻이 있습니다. 사실 참 실행하기 어려운 것입니다. 그래서 제가 아는 한 목사님은, 이런 이유로 어린 친구들에게 어릴 때 전재산을 주님께 바치라고 합니다. 어릴 때는 재산이 아무래도 적으니까요. 그러나 이것은 상식으로 불가능하며 오직 성령으로만 가능합니다. 이 말씀이 등장하는 마태복음 19장 23-26절 함께 보겠습니다.

마태복음 19장 23-26절
23 예수께서 제자들에게 이르시되 내가 진실로 너희에게 이르노니 부자는 천국에 들어가기가 어려우니라 24 다시 너희에게 말하노니 낙타가 바늘귀로 들어가는 것이 부자가 하나님의 나라에 들어가는 것보다 쉬우니라 하시니 25 제자들이 듣고 몹시 놀라 이르되 그렇다면 누가 구원을 얻을 수 있으리이까 26 예수께서 그들을 보시며 이르시되 사람으로는 할 수 없으나 하나님으로서는 다 하실 수 있느니라

이 말씀이 왜 나왔습니까? 부자 청년 때문에 나온 것 아닙니까?

마태복음 19장 17-21절
17 예수께서 이르시되 어찌하여 선한 일을 내게 묻느냐 선한 이는 오직 한 분이시니라 네가 생명에 들어가려면 계명들을 지키라 18 이르되 어느 계명이오니이까 예수께서 이르시되 살인하지 말라, 간음하지 말라, 도둑질하지 말라, 거짓 증언 하지 말라, 19 네 부모를 공경하라, 네 이웃을 네 자신과 같이 사랑하라 하신 것이니라 20 그 청년이 이르되 이 모든 것을 내가 지키었사온대 아직도 무엇이 부족하니이까 21 예수께서 이르시되 네가 온전하고자 할진대 가서 네 소유를 팔아 가난한 자들에게 주라 그리하면 하늘에서 보화가 네게 있으리라 그리고 와서 나를 따르라 하시니

이 말씀은 주의 깊게 보아야 할 필요가 있는 말씀입니다. 자신의 기준에서 계명을 완벽하리만큼 지키고 살던 청년입니다. 그런데 예수님은 청년에게 "너는 생명에 들어가기 위한 그 길에 시작도 하지 못하였구나!"라고 말씀하시는 것입니다. 네 소유를 팔아 가난한 자들에게 준 다음 처음부터 시작하라는 것입니다. 그 말씀이 그리고 와서 나를 따르라! 라는 말씀에 기록되어 있는 것입니다. 여기서 소유란, 내 마음에 하나님보다 더 중요하게 생각하는 모든 것을 말합니다. 그것에 대한 갈망으로 마음이 가득 차 있으면, 절대 하나님을 완전히 믿고 의지할 수 없습니다. 의지를 안 한다, 안 한다고 말합니다. 그러나 하나님께서 그러면 그것 내놔! 라고 하실 때 결코 못 내놓습니다.

 그리고 와서 나를 따르라! 라는 말씀이 왜 시작일까요? 제자들을 보시면 알 수 있습니다. 그들은 부자 청년이 시작도 하지 못한 길을 시작했고, 3년간 예수님과 함께 먹고 마셨으며 온갖 놀라운 일들을 경험했습니다. 그런데 어땠나요? 예수님이 십자가에 달리실 때 모두 도망 갔던 것을 기억하실 것입니다. 요한 혼자 도망만 가지 않았더니, 요한에게 가장 오래 살며 요한계시록을 기록하도록 놀라운 계시를 주셨습니다. 그러니, 주님을 따른다고 해서 다 끝이 아니라는 것. 알 수 있으실 것입니다. 또한 이 모든 것을 내려놓는 것이 신앙의 시작이라는 것. 이것 또한 분명히 알 수 있으실 것입니다.

사실, 지난 시간부터 나오는 '성도 구원의 여정' 한 단계 한 단계는, 인간이 할 수 있는 일이 아닙니다. 그러면, 우리가 이 단계에서 포기해야 맞겠지요? 아멘이십니까? 이쯤에서 포기하시겠습니까? 이 길, 정말 어렵습니다. 아니, 주님을 따른다는 것은 정말 말도 안 됩니다. 그래서 천국을 포기하시려면 그렇게 하십시오. 그러나 그런 분이 한 분도 안 계시길 소망합니다. 그렇다고 이 여정은 결코 만만하게 생각하지는 마십시오. 마음을 굳건히 먹어야 합니다. 우리 이름이 하늘에 기록된다는 사실(눅 10:20)은 우리가 상상할 수 없을 만큼, 어마어마하고 놀라운 일이기 때문입니다.

누가복음 10장 20절
20 그러나 귀신들이 너희에게 항복하는 것으로 기뻐하지 말고 너희 이름이 하늘에 기록된 것으로 기뻐하라 하시니라

우리가 예수님의 제자가 된다는 것은, 우리 자신의 목숨을 미워하지 않는다면 시작조차 할 수 없는, 엄청나고 신비로운 여행이기 때문입니다(눅 14:26-33).

누가복음 14장 26-33절

26 무릇 내게 오는 자가 자기 부모와 처자와 형제와 자매와 더욱이 자기 목숨까지 미워하지 아니하면 능히 내 제자가 되지 못하고 27 누구든지 자기 십자가를 지고 나를 따르지 않는 자도 능히 내 제자가 되지 못하리라 28 너희 중의 누가 망대를 세우고자 할진대 자기의 가진 것이 준공하기까지에 족할는지 먼저 앉아 그 비용을 계산하지 아니하겠느냐 29 그렇게 아니하여 그 기초만 쌓고 능히 이루지 못하면 보는 자가 다 비웃어 30 이르되 이 사람이 공사를 시작하고 능히 이루지 못하였다 하리라 31 또 어떤 임금이 다른 임금과 싸우러 갈 때에 먼저 앉아 일만 명으로써 저 이만 명을 거느리고 오는 자를 대적할 수 있을까 헤아리지 아니하겠느냐 32 만일 못할 터이면 그가 아직 멀리 있을 때에 사신을 보내어 화친을 청할지니라 33 이와 같이 너희 중의 누구든지 자기의 모든 소유를 버리지 아니하면 능히 내 제자가 되지 못하리라

요한복음 12:24 내가 진실로 진실로 너희에게 이르노니 한 알의 밀이 땅에 떨어져 죽지 아니하면 한 알 그대로 있고 죽으면 많은 열매를 맺느니라

땅에 심겨야 할 대상은 누구일까요? 예수님인가요? 아닙니다. 더이상 예수님이 아닙니다. 바로 나입니다. 이것은 '예수님이 모두 십자가에서 이루셨잖아! 이거 나까지 해야하는 것이었어?'라고 무의미하게 되뇌일 필요 없습니다. 여러분 자신이 땅에 떨어져 심겨져야 한다는 것을 누구보다 잘 아시지 않습니까?

'내가 하지 않는다면, 또 다른 누군가가 하겠지…' 하고 생각할 단순한 문제도 아닙니다. 이 관문은 지금 내가 건너지 않는다면, 계속 돌고 돌아 다시 돌아와야 하는 다리와도 같습니다. 이전에 이 모든 것을 내려놓은 경험이 분명하게 없으셨다면, 하나님께서는 끝까지 물으실 것입니다. 아마, 당신이 죽음에 이르기 직전까지 계속 물으실 것입니다.

땅에 심겨야 할 대상은 누구일까요? 예수님인가요? 아닙니다.
더이상 예수님이 아닙니다. 바로 나입니다.

왜냐하면, 하나님께서는 당신이 구원의 길을 시작하길, 하나님 나라의 백성 되는 길을 시작하길, 하나님 나라의 아들 되는 길을 시작하길, 그 누구보다 원하시기 때문입니다. 앞을 보십시오. 다른 길은, 다른 길은 없습니다. 우리 앞에 놓인 이 유일한 길은 매우 좁고 험난하며 가파른 길입니다.

이쯤에서 질문이 생길 수 있습니다. 나는 어떤 사람이지? 나는 땅에 심겨진 사람인가? 주님께 완전히 항복한 사람인가? 이것을 자신 스스로도 잘 모르실 수 있습니다. 그런데 확인할 수 있는 방법이 있습니다. 그것은 이것입니다. 지금, 하나님께서 당신이 가장 사랑하는 것을 내놓으라고 하시면, 여전히 아멘! 할 수 있느냐? 이 질문에 당연하지요! 라고 대답할 수 있으시면, 심겨진 분... 맞습니다!

태워지고, 부수어지고, 낮아지고, 가난해지는 자만이 천국의 길에 어울리는 사람입니다. 그러면 어떻게 이렇게 할 수 있을까요? 성령의 음성에 귀 기울이시기 바랍니다. 각자의 삶의 자리에서 하나님께 산 제사를 드리십시오. 당신의 영혼을 가볍게 할 수 있는 방법이 무엇인지, 성령님께 여쭈어 보십시오. 하나님만 아시는, 그러나 사람들의 눈에 보이지 않는 은밀한 제사를 하나님께서는 기뻐하십니다. 하나님께서 당신의 삶의 주인이 되셔서, 당신의 삶 전체를 인도하시는 놀라운 변화가 일어날 것입니다! 모두 다 내려놓으십시오. 여러분이 마음에 소중히 여기는 모든 우상들을 성령의 불로 태워버리고 '바늘 귀'를 통과하십시오. 이것이 바로, 구원의 시작입니다.

수천년 전 노아는 외쳤습니다. "회개하라, 심판이 이르렀다. 하나님께서 이제 곧 어마어마한 비를 내리실 것이다. 이 방주 안으로 들어와라." 그러나 사람들은 코웃음 쳤습니다. 노아의 가족들 중에도 반신반의하는 사람들이 있었을 것입니다. 그러나 노아는 외쳤습니다. 명령을 받고 방주를 만들기 시작한 때부터 대홍수가 시작될 때까지의 기간즉, 약 70여년 동안 외쳤습니다(창 6:32, 창 7:6, 창 11:10). 그렇습니다. 70년 동안 외쳤고, 70여년 동안 아무 일도 일어나지 않았으며, 70년 동안 노아는 바보로 살았습니다. 그러나 때가 이르고, 하나님께서 일을 하셨을 때, 비가 내리기 시작했으며, 노아를 비웃던 사람들은 그저 한낱 짐승들과 다름없이 둥둥 떠내려가는 존재가 되었습니다.

비유가 적절할지 모르겠지만, 이제 하나님께서 심판을 준비하라고, 외치라고 말씀하시는 듯 합니다. 가장 연약하고 어리석은 저를 통해 말씀하시기 원하시는 하나님께 감사합니다. 언제까지 바보가 되어 말해야 할지 모르겠지만 말하겠습니다. 전하겠습니다. 회개하라 심판이 문 앞에 이르렀다고요!

3장.
자람, '낚시 바늘, 입, 눈'

저는 지난 장에서 하나님께서 '왜' 여러분의 소유를 여러분이 자발적으로 내려놓기 원하시는지에 대하여 말한 것이지, '어떻게' 그것을 할지에 대해서 말씀드리지 않았습니다. 구체적으로 "우리 조직에 갖다 바치십시오."라고 하면 거기는 100% 이단입니다. "어떻게"는 성령님께 여쭈어보시면서 각자 알아서 하십시오. 물질을 주님 앞에 내려놓는 방법은 수천 수백가지입니다. 단, 보이지 않게 하십시오.

이제, 하늘에 심겨진 저와 여러분의 영혼은, 조금씩, 조금씩 자라납니다. 우리의 눈에 보이지 않지만 말이죠. 오른쪽 그림에서의 '성장기'입니다. 사실, 우리의 '성장기'는 그 기간이 얼마나 될지, 하나님 외에는 모릅니다. 어떤 사람은 스스로 '성장기'라고 생각할 수 있지만, 하나님 보시기에는 아닐 수도 있고, 어떤 사람은 스스로 여전히 '성장기'에 머물러 있다고 고백하지만, 어느새 '열매 맺음'의 단계까지 가 있을 수도 있으니까요. 하나님께 한 번, 여쭈어보세요. 그러나 무언가 음성을 듣는 것보다 더 중요한 것은 지금의 자리에서 다시 한번 자신을 돌아보는 일입니다.

영적 성장 과정

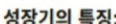

성장기의 특징:
- 영혼은 조금씩 자라나지만 우리 눈에는 보이지 않음
- 성장기의 기간은 하나님 외에는 알 수 없음
- 물질을 내려놓는 방법은 다양하며 보이지 않게 해야 함
- "우리 조직에 갖다 바치십시오"라고 하면 100% 이단임
- **자신을 돌아보는 일이 무엇보다 중요함**

하나님께 여쭈어보되, 지금 자리에서 자신을 돌아보는 것이 더 중요합니다

오늘 세 번째 장, '자람'의 단계에서는 히브리어 자음 '차데', '낚시바늘에 스스로 입을 거는 것과도 같은 순종'과 히브리어 자음 '페', '하나님의 입에서 나오는 말씀으로 사는 삶' 그리고 히브리어 자음 '아인', 즉 '진정으로 보는 눈'에 대해 함께 알아봅니다. 물고기가 '낚시 바늘'에 스스로 입을 갖다가 거는 경우가 있을까요? 죽는 것이 눈에 뻔히 보이는데도요... 있습니다. 바로 예수님께서 그렇게 하셨고, 이제 우리도 또한 그 길을 걷게 됩니다.

이처럼 예수님의 십자가는 '아멘'입니다. 그런데 '아멘'에서 놀라운 것은 '자발적'이라는 것입니다. 마음 깊은 곳에서 동의하는 것입니다. 하나님의 정의와 사랑, 우리 각자를 향한 그 놀라우신 신실하심과 은혜에 대해 '아멘'하는 것입니다.

마태복음 17장 24-27절

24 가버나움에 이르니 반 세겔 받는 자들이 베드로에게 나아와 이르되 너의 선생은 반 세겔을 내지 아니하느냐 25 이르되 내신다 하고 집에 들어가니 예수께서 먼저 이르시되 시몬아 네 생각은 어떠하냐 세상 임금들이 누구에게 관세와 국세를 받느냐 자기 아들에게냐 타인에게냐 26 베드로가 이르되 타인에게니이다 예수께서 이르시되 그렇다면 아들들은 세를 면하리라 27 그러나 우리가 그들이 실족하지 않게 하기 위하여 네가 바다에 가서 낚시를 던져 먼저 오르는 고기를 가져 입을 열면 돈 한 세겔을 얻을 것이니 가져다가 나와 너를 위하여 주라 하시니라

저는 이 말씀에서 먼저 낚시에 걸리는 물고기가 바로 예수님을 은유한다고 생각합니다. 성전세는 한 사람당 반 세겔입니다. 그러나 물고기가 가지고 있던 돈은 한 세겔입니다. 성경에서 반 세겔은 베드로를 위한 것입니다. 결국 나머지 반 세겔은 우리를 위한, 즉, 나를 위한 비용을 대신 내신 것입니다. 물고기는 스스로 그 바늘에 입을 겁니다. 이것이 바로 예수 그리스도의 십자가 사건입니다. 그리고 우리는 이에 대한 응답으로 죽음의 낚시바늘에 입을 거는 것입니다. 이것이 자발적 아멘입니다. 아멘이 얼마나 어려운 것인지 모릅니다. 사실, 거의 불가능한 수준입니다. 그러나 저는 못하지만, '내게 능력 주시는 자 안에서 내가 모든 것을 할 수 있습니다.'라고 기도하며 선포하십시오. 단언컨대, 하나님의 낚시바늘에 스스로 걸리는 것이, 가장 확실하고 안전한 길입니다.

'순종'은 히브리어 '샤마(8085)' 즉, '하나님의 말씀을 청종하는 것'(삼상 15:22)입니다. 신명기 6장 4절, "이스라엘아 들으라!"는 히브리어로 "쉐마, 이스라엘!"입니다. 헬라어로 순종은 '휘파쿠오(아래에서 듣다)'에서 유래한 단어이며, 영어 단어 understand와 비슷합니다. 하나님을 주인으로 모신 사람은 당연히 하나님의 말씀을 듣습니다. 여기서 듣는 것은 단지 '귀로 듣는 행위'를 가리키지 않습니다. '경청하여 마음에 새기고, 그 말씀을 따라 행동하는 것'을 의미합니다. 그래서 순종은 결코 쉽지 않습니다.

저는 못하지만, '내게 능력 주시는 자 안에서
내가 모든 것을 할 수 있습니다.'라고 기도하며 선포하십시오.
단언컨대, 하나님의 낚시바늘에 스스로 걸리는 것이,
가장 확실하고 안전한 길입니다.

순종이 얼마나 어려운지, 이스라엘 백성들은 하나님께서 애굽에게 베푸신 10가지 재앙, 또한 이스라엘의 구원을 위한 홍해의 기적을 경험하고도 끊임없이 불순종으로 일관했지요.

덧붙여, 수많은 기독교인들이 자녀들을 위해 일천번제를 드립니다. 갑자기 일천번제 이야기를 왜 하는지 의아하실 수 있겠지만, 솔로몬이 일천번제를 드린 후 하나님 앞에 구한 것이 바로 이 '샤마'입니다.

열왕기상 3장 5-10절
5 기브온에서 밤에 여호와께서 솔로몬의 꿈에 나타나시니라 하나님이 이르시되 내가 네게 무엇을 줄꼬 너는 구하라 6 솔로몬이 가로되 주의 종 내 아비 다윗이 성실과 공의와 정직한 마음으로 주와 함께 주의 앞에서 행하므로 주께서 저에게 큰 은혜를 베푸셨고 주께서 또 저를 위하여 이 큰 은혜를 예비하시고 오늘날과 같이 저의 위에 앉을 아들을 저에게 주셨나이다 7 나의 하나님 여호와여 주께서 종으로 종의 아비 다윗을 대신하여 왕이 되게 하셨사오나 종은 작은 아이라 출입할줄을 알지 못하고 8 주의 빼신 백성 가운데 있나이다 저희는 큰 백성이라 수효가 많아서 셀 수도 없고 기록할 수도 없사오니 9 누가 주의 이 많은 백성을 재판할 수 있사오리이까 지혜로운 마음을 종에게 주사 주의 백성을 재판하여 선악을 분별하게 하옵소서 10 솔로몬이 이것을 구하매 그 말씀이 주의 마음에 맞은지라

열왕기상 3장 9절에 기록된 이 말씀은 개역한글판에서는 '지혜로운 마음'이었지만 개역개정판에서는 '듣는 마음'으로 바뀌었는데, 이것의 히브리어가 바로 '샤마' 즉, '순종'입니다. '하나님의 말씀에 순종하는 자가 곧 선악을 분별하는 자'라는 크나큰 진리를 솔로몬이 하나님 앞에서 고백한 것입니다. '선악을 분별하는 자'라는 말은 창세기 3장 22절에서 나옵니다.

창세기 3장 22절
22 여호와 하나님이 이르시되 보라 이 사람이 선악을 아는 일에 우리 중 하나 같이 되었으니 그가 그의 손을 들어 생명 나무 열매도 따먹고 영생할까 하노라 하시고

　인류는 아담의 죄 이후에 이 상태에 빠져 생명 나무를 먹을 수 없게 되었습니다. 이것은 곧 '예수님의 왕좌에 앉았다'는 말로 바꾸어쓸 수 있는데, 왕의 능력이 전혀 없는 자가 왕의 자리에 앉게 되는 것입니다. 생각해 보십시오? 얼마나 걱정스러운 일이며, 다스림을 받는 백성들에게는 얼마나 큰 재앙입니까? 그러나 우리는 오늘 말씀을 통해 생명 나무 열매를 먹는 비법을 배우게 됩니다. 바로, 하나님 말씀에 온전히 '순종'하는 것입니다. 한 걸음 더 나아가 '말씀으로 사는 삶'이란, 하나님의 말씀을 '샤마'할 뿐 아니라, 입으로 '증언'하며 사는 삶입니다. 하나님께서 우리를 통해서만 하실 수 있는 일이 '증언'이라면, 우리가 하나님 당신을 '증언'하기를 얼마나 바라고 계실까요?

사도행전 1장 8절
오직 성령이 너희에게 임하시면 너희가 권능을 받고 예루살렘과 온 유대와 사마리아와 땅 끝까지 이르러 내 증인이 되리라 하시니라

로마서 10장 14-15절
14 그런즉 그들이 믿지 아니하는 이를 어찌 부르리요 듣지도 못한 이를 어찌 믿으리요 전파하는 자가 없이 어찌 들으리요 15 보내심을 받지 아니하였으면 어찌 전파하리요 기록된 바 아름답도다 좋은 소식을 전하는 자들의 발이여 함과 같으니라

고린도전서 1장 21절

하나님의 지혜에 있어서는 이 세상이 자기 지혜로 하나님을 알지 못하므로 하나님께서 전도의 미련한 것으로 믿는 자들을 구원하시기를 기뻐하셨도다

하나님의 미련한 방법이 바로 전도입니다. 그리고 이 방법이 인간 구원에 있어 가장 지혜로운 것입니다. 이사야 43장 21절에 "이 백성은 내가 나를 위하여 지었나니 나를 찬송하게 하려 함이니라"라는 말씀 중, '찬송'이라는 단어 '테힐라'도, 히브리어로 단순히 '곡조가 있는 노래'를 가리키지 않습니다. 오히려 찬송이라는 단어는 '자랑'이라는 말로 바꿀 수 있습니다. 즉, "하나님 좀 자랑하고 살라!"는 것입니다. 이것은 '증언'의 의미에 더 가깝습니다, 믿는 자 서로서로, 또 믿지 않는 자들에게 하나님 자랑하고 사는 것! 이것이 하나님께서 우리를 만드신 이유입니다.

마지막으로 '진정으로 보는 눈'은, 정확히 말해, '하나님을 보는 눈'은 아닙니다. 오히려 '하나님 앞에 서 있는 나를 보는 눈'입니다.

욥기 42장 5-6절

5 내가 주께 대하여 귀로 듣기만 하였사오나 이제는 눈으로 주를 뵈옵나이다
6 그러므로 내가 스스로 거두어들이고 티끌과 재 가운데에서 회개하나이다"

  욥은 긴 시간 고난의 이유, 고통의 이유를 찾았습니다. 그런 욥 역시, 최종적으로 하나님을 만나게 되었고, "하나님을 뵈오니, 내가 보이고, 내 죄가 보입니다!"라고 고백하는 것을 알 수 있습니다.
  우리가 자라면 자랄수록, 순종하고 하나님의 음성을 들을수록, 자신의 죄가 보이고, 자신의 연약함이 보이는 것이 당연합니다. 만약, 나의 신앙의 연수가 더해갈수록 나의 죄는 안 보이고 나의 구제, 내가 받은 은사, 내가 아는 성경 지식, 나 자신의 온전함이 '뿌듯하게' 느껴지면, 오히려 길을 벗어난 것일 수 있습니다. 나도 모르게 예수님처럼 되어야 하는데, 스스로 '되려고' 하면 안됩니다. 마태복음 25장의 양과 염소의 비유에서 양은 자신이 삶 속에서 예수님과 같이 사랑을 행한 것을 알지도 못합니다. 오히려 염소는 자신이 삶 속에서 하나님의 말씀을 지켰다고 생각하고 있습니다. 이 차이는 정말 어마어마합니다.

포도나무와 열매 맺음

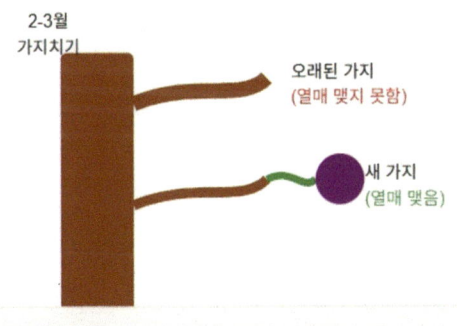

중요한 원리:
- 포도는 그 해에 새로 자란 가지에서만 맺힙니다
- 열매의 힘은 가지가 아닌 포도나무 자체에서 옵니다
- 나무는 직접 열매를 맺을 수 없고, 새 가지를 통해서만 가능합니다

날마다 죽어 새롭게 되지 않으면 열매를 맺을 수 없습니다

포도는 그 해에 새로 자란 가지에서만 맺힙니다. 이스라엘에서는 2~3월이면 포도나무 가지치기를 합니다. 고목같은 포도나무에서 새로운 가지가 자라나게 됩니다. 포도나무에서 맺히는 튼실한 포도송이는 그 가지의 힘이 아니라 그야말로 포도나무 자체의 힘인 것입니다. 그러나 나무는 직접 열매를 맺을 수 없습니다. 포도는 그 해에 새로 자란 가지에서만 맺히게 됩니다. 놀랍게도 새로운 가지만이 열매를 맺는다는 것입니다. 결국, 우리가 날마다 죽어, 새롭게 되지 않으면 절대 열매를 맺을 수 없다는 것을 말합니다. 날마다 죽는 것은 이번 관문이고 열매를 맺는 것은 다음 관문인데, 이번 관문을 통과하지 못하면 다음 관문은 없다는 것입니다.

고린도전서 15장 30-31절
30 또 어찌하여 우리가 언제나 위험을 무릅쓰리요 31 형제들아 내가 그리스도 예수 우리 주 안에서 가진 바 너희에 대한 나의 자랑을 두고 단언하노니 나는 날마다 죽노라

 특히, 포도나무가 가지들에게 힘이 원천이 되는 것처럼, 예수 그리스도의 가장 중요한 사역, 십자가는 그 모든 구원의 관문들의 바탕이며, 기초가 됩니다. 신앙이 성장하려면 예수 그리스도께서 십자가를 지신 것처럼, 하나님께 순종하는 것이 중요합니다. 가장 깊이 있는 신앙의 단계, 다음 관문에 열매 맺는 단계, 미리 말씀드리면, 주안에서 주님이 내가 되고 내가 주님이 되는 것. 바로 매 순간 성령님의 음성에 순종하는 깃이기 때문입니다. 묻고 또 묻고, 하나님께 최종결재를 받으며 움직이는 것이기 때문입니다.
 아직은 비와 바람에 힘이 듭니다. 견디고 견뎌야 합니다. 가장 힘든 건 죽지 못하는 나 자신을 볼 때입니다.

로마서 7장 24절
오호라 나는 곤고한 사람이로다 이 사망의 몸에서 누가 나를 건져내랴

그러나 우리는 시작했습니다. 물고기로 비유하면 이제 입에 낚시바늘을 걸었더니 하나님이 회를 치시는 상황이라고 생각하시면 됩니다. 하나님과 하나되면, 완전히 먹혀서 그분이 내가 되고 내가 그 분이 되면, 그것이 우리에게는 영광입니다. 이것은 다음 단계입니다. 조금만 기다리십시오. 조금만 견디십시오. 조금만 참으십시오.

고린도전서 13장 4-7절
4 사랑은 오래 참고 사랑은 온유하며 시기하지 아니하며 사랑은 자랑하지 아니하며 교만하지 아니하며 5 무례히 행하지 아니하며 자기의 유익을 구하지 아니하며 성내지 아니하며 악한 것을 생각하지 아니하며 6 불의를 기뻐하지 아니하며 진리와 함께 기뻐하고 7 모든 것을 참으며 모든 것을 믿으며 모든 것을 바라며 모든 것을 견디느니라

마지막으로, 한 가지 다시 기억해야 할 것이 있습니다. '메노라'입니다. 메노라는 하나의 나무가 7개의 가지를 만들어 낸 형상입니다. 그 나무는 예수 그리스도이시며, 우리는 그 나무의 가지들이라는 것을 잊지 말아야 합니다(요 15:5). 예수 그리스도의 가장 중요한 사역, 십자가는 그 모든 구원의 관문들의 바탕이며, 기초가 됩니다. 이 장에서도 신앙이 성장하려면 예수 그리스도께서 십자가를 지신 것처럼, 하나님께 순종하는 것이 중요합니다. 가장 깊이 있는 신앙의 단계가 바로 매 순간 성령님의 음성에 순종하는 것이기 때문입니다.

4장.
열매 맺음, '그리스도 안에, 희년, 물(파도)'

농부이신 하나님께서 기대하고 기다리시는 것은 오직 '열매'입니다. 저와 여러분은 주님 앞에 설 때, 단 한 가지, '열매'를 내놓아야 합니다. 더 이상 '빈손'은 환영받지 못합니다. '쭉정이'의 갈 곳은 오직, '불구덩이'이니까요.

요한복음 15장 8절에서 "너희가 열매를 많이 맺으면 내 아버지께서 영광을 받으실 것이요 너희는 내 제자가 되리라" 말씀하시는데, 우리는 이 열매를 어떻게 맺을 수 있을까요? 중요한 것은 우리가 어디 '소속'이냐는 것입니다. '소속'이 중요합니다. 내가 예수님 소속이고, 예수님 팀이고, 예수님 제자이고, 예수님 가족이면, 자연스럽게 예수님의 열매가 맺히게 되어있으니까요. 예수님은 '믿음 소망 사랑'의 팀이라 예수님과 한 팀이면, 자연스럽게 '믿음과 소망과 사랑'의 열매(고전 13:13), 성령의 열매(갈 5:22-23)를 맺게 되는 것입니다.

히브리어 자음 '싸메크'는 버팀대를 가리키며, 나를 넘어지지 않게 지켜주는 것을 의미합니다. 신앙적인 눈으로 넘어지지 않는다는 것은 어마어마한 사건입니다. 스스로 설 수 있고, 걸어갈 수 있고, 일할 수 있다는 뜻이니까요. 이 히브리어 자음이 성경에서 가장 먼저 사용된 곳은 창세기 2장 11절입니다.

창세기 2장 11절
첫째의 이름은 비손이라 금이 있는 하윌라 온 땅을 둘렀으며

여기서 '둘렀다'라는 말의 히브리어 단어가 '싸바브'입니다. 이 단어에는 '적용하다'는 의미가 있습니다. 하나님의 강이 우리를 둘러싸게 되었기 때문에, 말씀이 적용되는 것입니다.

히브리어 자음 '싸메크'와 '눈'을 합치면 기적을 일으킨 그 불뱀이 달린 장대를 가리키는 '네쓰'가 됩니다.

민수기 21장 8절
여호와께서 모세에게 이르시되 불뱀을 만들어 장대 위에 매달아라 물린 자마다 그것을 보면 살리라

요한복음 15장 7절
너희가 내 안에 거하고 내 말이 너희 안에 거하면 무엇이든지 원하는 대로 구하라 그리하면 이루리라

'싸메크'가 '~안에 거하는 것'을 말하는데, 주님 안에 거할 때, 기적이 우리 삶의 자연스러운 일부분이 될 수밖에 없는 것, 그리 놀라운 일도 아니지요? 이 '네쓰'는 이것은 '깃발'이라는 말과 동의어이며, '빛나다', '횃불을 올리다', '등을 들다'라는 말과 동의어이기 때문에 열 처녀가 등을 들고 서 있는 모습을 즉시 떠올리게 합니다.

마태복음 25장 1절
그 때에 천국은 마치 등을 들고 신랑을 맞으러 나간 열 처녀와 같다 하리니

이 때는 시기적으로도 결혼을 준비하고 있는 열 처녀의 기다림의 시기입니다. 우리는 슬기로운 다섯 처녀와 같이 주님을 깨어 기다려야 합니다.
다시 '싸메크'로 돌아가, 그리스도 안에 거하게 되면, 우리 속에 사랑의 열매가 자연스럽게 맺힙니다.

요한복음 17장 23절

곧 내가 그들 안에 있고 아버지께서 내 안에 계시어 그들로 온전함을 이루어 하나가 되게 하려 함은 아버지께서 나를 보내신 것과 또 나를 사랑하심 같이 그들도 사랑하신 것을 세상으로 알게 하려 함이로소이다

　바울 사도에 의하면, 사랑은 더욱 큰 은사요, 가장 좋은 길입니다(고전 12:31). 또한 온전한 것이며(고전 13:10), 믿음 소망 사랑 그 중의 제일입니다(고전 13:13). 사랑은 혼자서 할 수 없기에 위대한 것입니다. 사랑은 관계 안에서 맺히고 드러나는 열매입니다. 그리스도 안에서 성도가 온전하게 된다는 것은 하나의 거룩한 교회를 이루는 것을 말합니다. 성도는 결코 혼자서 온전해질 수 없으며, 함께 그리스도의 몸을 이루어가는 것입니다. 혼자서 모든 비밀과 능력과 은사를 독점하고 자랑하는 사람은 온전함과는 거리가 멉니다. 바울 사도 역시, 성도들을 위해 스스로 종이 되었습니다(고후 4:5, 고전 9:19). 바울 사도의 종 된 태도는 현대 제왕적 목회자들에게 경종을 울립니다.

　위의 말씀들을 묵상하면, 그리스도 안에 거하는 것이 즉 열매를 맺는 것이고, 구하는 대로 얻게 되는 것이고, 온전함을 이루어 성도가 하나가 되는 것입니다. 열매를 맺은 자는 열매를 자랑하고 반대로 그 열매는 열매를 맺은 자를 자랑합니다(고후 1:14). 크리스천에게는 '혼자서', '스스로'라는 개념은 그 자체로 존재하지 않는다고 생각하시면 맞습니다. 요한계시록에서도 성령님께서 말씀하는 대상이 교회(계 2:7,11,17,29; 3:6,13,22)라는 점을 주목할 필요가 있습니다. 각 개인에게 말씀하시지 않고 교회들에게 말씀하셨던 것은, 예수님의 사랑의 대상이 교회이며 성령님의 선포의 대상이 교회라는 것을 의미합니다. 교회가 하나되어야 진정 온전해지는 것이며, 이것은 삼위일체 안에 이미 나타나 있는 온전함에 대한 개념이기도 합니다(전 4:12).

한 편, 요즈음 스스로 완전해질 수 있다고 주장하는 이론이 심지어 기독교 안에도 횡행하고 있는데, 그 이념은 타종교들의 것이며, '종교다원주의'의 중요한 개념입니다. 정말 조심스럽게 다루어야 할 문제인 것이지요.

로마서 5장 9-11절
9 그러면 이제 우리가 그의 피로 말미암아 의롭다 하심을 받았으니 더욱 그로 말미암아 진노하심에서 구원을 받을 것이니 10 곧 우리가 원수 되었을 때에 그의 아들의 죽으심으로 말미암아 하나님과 화목하게 되었은즉 화목하게 된 자로서는 더욱 그의 살아나심으로 말미암아 구원을 받을 것이니라 11 그뿐 아니라 이제 우리로 화목하게 하신 우리 주 예수 그리스도로 말미암아 하나님 안에서 또한 즐거워하느니라

로마서 5장에서 구원의 과정은,

롬 5장 3-4절
3 다만 이뿐 아니라 우리가 환난 중에도 즐거워하나니 이는 환난은 인내를 4 인내는 연단을, 연단은 소망을 이루는 줄 앎이로다

이렇게 기록되어 있는데, 하나님 안에서 즐거워하는 것이 최종과정이라는 것을 기억하실 필요가 있습니다.

크리스천에게 즐거움은 환난 중에도 누릴 수 있는 것입니다. '상대적 즐거움'이 아닌, '절대적 즐거움'인 것이지요. 히브리어 눈은 숫자로 50을 의미하며, '희년'을 의미합니다. 이제, 열매를 맺은 자는 '희년(레 25:12, 54)'을 누립니다. 그리스도 안에서 진정한 풍성함과 자유와 기쁨을 누리고, 나눔을 누리게 되는 것입니다.

레 25:10 너희는 오십 년째 해를 거룩하게 하여 그 땅에 있는 모든 주민을 위하여 자유를 공포하라 이 해는 너희에게 희년이니 너희는 각각 자기의 소유지로 돌아가며 각각 자기의 가족에게로 돌아갈지며

이제 온전한 자가 되면, 다시 가족에게로 돌아갑니다.

막 5:15,19-20
15 예수께 이르러 그 귀신 들렸던 자 곧 군대 귀신 지폈던 자가 옷을 입고 정신이 온전하여 앉은 것을 보고 두려워하더라 19 허락하지 아니하시고 그에게 이르시되 집으로 돌아가 주께서 네게 어떻게 큰 일을 행하사 너를 불쌍히 여기신 것을 네 가족에게 알리라 하시니 20 그가 가서 예수께서 자기에게 어떻게 큰 일 행하셨는지를 데가볼리에 전파하니 모든 사람이 놀랍게 여기더라

어쩌면 가장 '간증'하거나 '전도'하기 힘든 대상이 자신의 가족일지 모릅니다. 예수님의 가족들이 오히려 예수님을 믿지 못했으니까요(요 7:5). 가족이 없는 이들에게는 새로운 가족이 생기는 것을 의미하기도 합니다. 새로운 가족은 누구일까요? 바로 교회 공동체입니다(눅 18:28-30).

또한 눈은 자인과 바브를 합한 글자입니다. 자인은 무기, 바브는 사람을 의미하여, 눈은 '무기를 든 사람'을 말합니다. 크리스천은 이제 '전신갑주를 입은 자'가 됩니다(엡 6:11). 세상 권세를 잡은 자, 사탄에 대해 생명을 걸고 싸울 수 있는 경이로운 군사가 됩니다. 베드로가 예수님의 부활을 경험하기 전에 세상 권세를 따르는 자였지만, 부활 이후 성령에 충만해지면서 예수님을 위해 세상의 권세자들 앞에서 하나님의 살아계심과 예수 그리스도의 십자가와 부활을 선포하는 놀라운 사람이 되었던 것처럼, 크리스천은 이제 세상 권세의 권력 앞에 두려워하지 않는 용맹한 군사가 됩니다. 바로, 요한계시록의 이기는 자가 되는 것입니다.

요한계시록 3장 12절
이기는 자는 내 하나님 성전에 기둥이 되게 하리니 그가 결코 다시 나가지 아니하리라 내가 하나님의 이름과 하나님의 성 곧 하늘에서 내 하나님께로부터 내려오는 새 예루살렘의 이름과 나의 새 이름을 그이 위에 기록하리라

짚어볼 점은 이기는 자를 기둥되게 한다고 하였는데, '눈'이 이기는 자를 가리킨다면, '싸멕'은 기둥을 의미하기도 하기 때문에, 이 관문의 자음들을 연결하면, "성전의 기둥되는 자는 이기는 자요, 즉, 예수 그리스도입니다." 라는 말이 됩니다.

성품으로 볼 때, 성장한 크리스천은 이제 히브리어 자음 '멤'이 의미하는, '물'과 같은 사람이 됩니다. 물처럼 낮은 곳으로 흐릅니다. 물과 같이 어느 곳에서나 머무를 수 있습니다.

로마서 12장 16절
서로 마음을 같이하며 높은 데 마음을 두지 말고 도리어 낮은 데 처하며 스스로 지혜 있는 체 하지말라

빌립보서 4장 11-13절
11 내가 궁핍하므로 말하는 것이 아니니라 어떠한 형편에든지 나는 자족하기를 배웠노니 12 나는 비천에 처할 줄도 알고 풍부에 처할 줄도 알아 모든 일 곧 배부름과 배고픔과 풍부와 궁핍에도 처할 줄 아는 일체의 비결을 배웠노라 13 내게 능력 주시는 자 안에서 내가 모든 것을 할 수 있느니라

모든 사람과 대화할 수 있고, 모든 사람과 친구가 될 수 있는 사람이지만, 복음에 있어서는 타협하지 않는 자가 됩니다. 이 사람은 복음 외의 가르침은 모두 불필요한 것으로 여깁니다(고전 2:2). 오직 한 책의 사람, 성경의 사람이 되고, 십자가를 자랑하며, 결코 예수 그리스도 외에 심지어 자신의 공동체나 자신의 가족이나 자기 자신을 내세우지 않습니다. 놀라운 공격력을 소유하였으나(창 49:5-7, 민 25:7-11) 철저히 예수만 자랑하는 겸손한 사람입니다.

또한 물은 '예수 그리스도'를 의미합니다(요1 5:6, 요 4:14, 요 7:37). 크리스천의 목표를 말해야 한다면, 예수 되는 것입니다. 사형수로 돌아가신 예수님과 같은 모양으로 죽은 자가 되어야 부활하신 예수님과 같은 모양으로 부활하게 됩니다(롬 6:5). 매일 매일 십자가 밑에 나아가 죽는 경험을 할 때에, 우리는 예수님과 같이 될 수 있습니다. 그리고 최종적으로 주님을 위해 죽기까지 주님을 사랑할 수 있습니다. 존경받는 목회자이신 故방지일 목사님께서는 구약은 욥기 시편 잠언 전도서 아가 순으로, 신약은 바울서신 야고보서신 요한서신 순으로 신앙의 자람을 표현한다고 합니다. 그분에 따르면 이 단계는 아가서와 요한서신에 강조되어 있는 사랑의 단계에 해당할 것입니다.

계 6:9-10
9 다섯째 인을 떼실 때에 내가 보니 하나님의 말씀과 그들이 가진 증거로 말미암아 죽임을 당한 영혼들이 제단 아래에 있어 10 큰 소리로 불러 이르되 거룩하고 참되신 대주재여 땅에 거하는 자들을 심판하여 우리 피를 갚아 주지 아니하시기를 어느 때까지 하시려 하나이까 하니

하나님의 말씀과 그들이 가진 증거로 말미암아 죽임을 당한 영혼들, 즉 순교한 영혼들은 살아서 하나님 앞에서 기도할 수 있는 특권이 있다는 것을 주목하실 필요가 있습니다. 또한 그들의 부활은 영광스러운 부활이 됩니다.

계 20:4-5
4 또 내가 보좌들을 보니 거기에 앉은 자들이 있어 심판하는 권세를 받았더라 또 내가 보니 예수를 증언함과 하나님의 말씀 때문에 목베임을 당한 자들의 영혼들과 또 짐승과 그의 우상에게 경배하지 아니하고 그들의 이마와 손에 그의 표를 받지 아니한 자들이 살아서 그리스도와 더불어 천 년 동안 왕 노릇 하니 5 (그 나머지 죽은 자들은 그 천 년이 차기까지 살지 못하더라) 이는 첫째 부활이라

이들은 심판의 권세를 받게 되며, 천 년 동안 왕 노릇 하게 되는 첫째 부활에 참여하는 자들입니다.

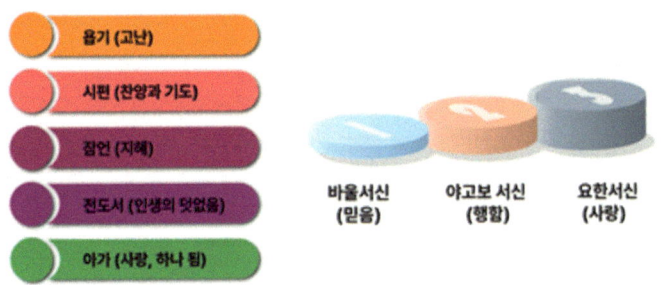

희년이 선포된 장소는 가나안이 아닙니다. 마실 물도 없고 생존자체가 힘든 그 곳, 광야에서 희년이 선포되는 것입니다. 즉, '희년'을 맞이하는 기쁨과 소망은 누리되, 그 동시에 '광야'의 삶을 견디는 현실은 견뎌야 합니다. 그러므로 아직은 이 관문의 사람들은 이 부활을 누릴 수 없습니다. 다만 이 약속된 소망을 따라 미리 얻은 기쁨은 그 아무도 빼앗을 수 없습니다. 그럼에도 현실은 여전히 전혀 기뻐할 수 없는 '광야'입니다. '파도'가 치는 바다 한복판입니다(막 4:37). 앞으로 큰 환난이 생길 것을 예고합니다. 그러나 믿음의 성도들, 특히 열매 맺는 성도들은 이제 환난 중에도 즐거워할 수 있습니다.

 곧 망할 이 세상을 붙들며 바라보는 자에게는 결코 만족함은 없을 것입니다. 그러나 하늘나라를 바라보는 자에게는 이 땅 역시, "항상 기뻐하고 쉬지 않고 기도하고 범사에 감사할 수 있는(살전 5:16-18)" 풍성한 하나님 나라가 됩니다. 그 까닭은 무너지지 않는 하나님의 나라가 이미 내 마음에 이루어져 있기 때문입니다(눅 17:20). 조건적인 기쁨, 조건적인 감사, 조건적인 기도가 아닙니다. 열매 맺는 성도들에게는 '무조건', '범사'에 감사하는 것입니다.

 하나님께서 곁에 두고 싶어 하시는 자는, 바로 이러한 자입니다. 광야에서도 천국을 누리고, 가난한 가운데서 나눔을 누리며, 그래서 신정으로 자유한 자…! 죄송합니다만, 이 한 몸 먹고 사는 데에 급급하고, 처 자식 세 끼 먹여 살리기에 급급한 자는, 하늘 잔치에 어울리는 자가 아닙니다(눅 14:24). 멀리 오셨으나, 돌아가십시오!

장난치는 것이 아니라, 앞으로 우리에게 어마어마한 쓰나미가 기다리고 있기 때문에, 이 쓰나미를 거슬러 갈 사람만 다음 관문으로 나갈 수 있습니다. 어쩌면 당연한 것입니다. 열매를 맺었으니 이제 '추수'되어야 하겠지요. 홍해는 모세를 따라가다 보니 어찌어찌 건넜습니다. 그러나 이제 앞에는 죽음의 요단강이 있고, 그 요단강을 건너면, 죽기 살기로 싸워야 하는 혈기충천 가나안 백성이 씩씩대며 우리를 기다리고 있다는 소식을 전합니다. 뭐 이리 힘든 것이 끝도 없냐고 질문하신다면, 하나님께서 다행스럽게도 고난의 날들을 우리를 위해 감하셨다고 하는 소식 역시, 함께 전합니다(마 24:22).

5장.
위대한 추수, '심판, 해방, 하나님의 손'

이제 때가 되었습니다. 하나님께서 추수의 낫을 휘두르시려고 작정하셨습니다. 알곡과 쭉정이를 분별해 튼실한 알곡만 창고에 들이시겠다는 하나님의 분명하신 의지가 있습니다.

혼인잔치를 할 준비가 다 끝났습니다. 잔치에서 내쫓기는 자는 슬피 울며 이를 갈게 될 것입니다(마 22:1-14, 25:1-30, 눅 12:35-48). 둘이 맷돌 갈다가 한 명만 선택되고 한 명은 버림받는 일이 일어날 예정입니다(마 24:32-51, 눅 17:20-37). 위대한 하나님이 추수는 성도들에게 진정한 구원의 역사가 될 것입니다.

히브리어 '라메드'는 '막대기'를 의미합니다. 이것은 사실, 교훈하고 가르치는 자들에 대한 이야기입니다. 추수기에 성도들을 더욱 굳건하게 하고, 권고하는 이들이 나타날 것이라고 성경은 말하고 있습니다(계 11:3). 요한계시록에 두 증인에 대한 이야기가 잘 나와 있습니다. 모두 하나님께서 준비하시고 예비하신 주의 종들이지요. 참으로 든든하긴 하지만, 아무리 위대한 일들을 한다고 해도 '하나님의 종'일 뿐입니다. 이들 덕분에, 주님의 살아계심을 보기야 하겠지만, 하나님의 일하심을 그들에게만 맡겨놓고 불구경해서는 안 될 것입니다.

히브리어 '라메드(막대기 혹은 지팡이)'는 주목할 만한 단어입니다. 히브리어 자음 중에서도 라메드는 총 22개 단어 중 12번째 단어로 중간에 위치하고 있으며, 심판을 의미합니다. 저는 이 '라메드'를 볼 때마다 마태복음 25장 말씀이 눈 앞에 펼쳐집니다.

마 25:31-33 31 인자가 자기 영광으로 모든 천사와 함께 올 때에 자기 영광의 보좌에 앉으리니 32 모든 민족을 그 앞에 모으고 각각 구분하기를 목자가 양과 염소를 구분하는 것 같이 하여 33 양은 그 오른편에 염소는 왼편에 두리라

 목자이신 인자와 그 분의 지팡이를 사이에 두고 염소는 왼쪽으로, 양은 오른쪽으로 나누어지는 이 장면은, 마치 히브리어 자음 중간에 있는 라메드가 왼쪽과 오른쪽으로 자음들을 가르는 모양과 닮아 있습니다. 또한 메노라 그림에서도 라메드가 중간에서 왼쪽과 오른쪽을 가르고 있습니다. 그리고 실제로 이 구원의 관문에 이 사건이 일어날 것입니다.

마 7:21-23 21 나더러 주여 주여 하는 자마다 다 천국에 들어갈 것이 아니요 다만 하늘에 계신 내 아버지의 뜻대로 행하는 자라야 들어가리라 22 그 날에 많은 사람이 나더러 이르되 주여 주여 우리가 주의 이름으로 선지자 노릇 하며 주의 이름으로 귀신을 쫓아 내며 주의 이름으로 많은 권능을 행하지 아니하였나이까 하리니 23 그 때에 내가 그들에게 밝히 말하되 내가 너희를 도무지 알지 못하니 불법을 행하는 자들아 내게서 떠나가라 하리라

 이 말씀도 이 때 이루어지는 사건을 예수님께서 예언적으로 묘사하신 말씀입니다. 제가 이것을 언급하면 많은 분들이 낙심할 수 있지만, 하나님의 마음을 품고 말씀드립니다. 이제 밤새워 능력 달라고 기도하시는 것은 멈추십시오. 이제 사십일 금식을 하며 능력 달라고 기도하는 것 또한 멈추십시오.

예수님과 관련이 없습니다. 예수님을 정말로 만난 사람은 능력이 내게 오래 머무르지 않을 것을 알기 때문에, 굳이 능력을 구하지 않습니다. 예수님의 능력은 예수님에게만 오래 머무르고, 우리는 통로이기 때문에 전달할 뿐입니다. 자꾸 예수님의 능력받아 유명해지고 부유해지고 사람들 앞에 서려고 하지 마십시오. 복음에 정면으로 위배됩니다.

조금 더 덧붙인다면, 은사는 헬라어 원어로 '카리스마', 즉 동사 '카리조마이'에서 유래한 말입니다. '카리조마이'는 무료로 받는 것, 선물로 받는 것을 의미합니다. 은사란, 하나님께서 믿는 자들에게 선물로 주시는 것들입니다. 그런데 우리 기독교인들이 너무나 은사를 사모하는 나머지, 공짜로 받은 것들을 자랑하기에 급급하고, 정말 중요한 열매 맺는 일에 소홀하고 있습니다. 그러나 다시 한 번, 기억하실 것은, 하나님은 농부이시기에 오직 열매만 찾으십니다.

마 21:19 길가에서 한 무화과나무를 보시고 그리로 가사 잎사귀밖에 아무 것도 찾지 못하시고 나무에게 이르시되 이제부터 영원토록 네가 열매를 맺지 못하리라 하시니 무화과나무가 곧 마른지라

 여기서 등장하는 무화과나무는 이스라엘을 의미하는데, 은사가 꽃을 의미하고, 성령의 열매가 열매를 의미한다면, 왜 하나님께서 이스라엘을 무화과나무에 비유하셨는지, 한 번 깊이 생각해볼 필요가 있습니다.
 주제로 다시 돌아와서 히브리어 '카프'는 '굽은 손', '바꾸어 넘겨주다'라는 뜻을 가지고 있으며, '해방'을 의미합니다. 이 날은 성도들에게는 '해방'의 날이 될 것이며, 하나님의 놀라운 역사들을 실제로 경험하는 시간들이 될 것입니다.

 그러나 이 환난의 날에 육신의 괴로움과 곤고함은 우리의 상상을 초월할 수도 있습니다. 하나님을 믿지 않는 자들은 극도의 완악함으로, 하나님의 이름을 망령되게 일컬으며, 성도들을 핍박할 것입니다. 이 때, 실제로 죽음을 경험하는 성도들도 있을 것입니다. 두려움이 엄습합니까? 네. 당연하지요. 그러나 죽음의 두려움이 엄습하는 순간에도 하나님의 영광과 예수님을 보면서 열린 하늘을 바라본 신앙의 선배, 스데반을 기억합시다(행 7:55-56). 어떤 성도는 휴거를 경험할 것이고, 어떤 성도는 순교를 경험할 것입니다. 하나님의 손에 달려 있으니, 우리는 어떠한 걱정이나 염려도 할 필요가 없습니다.

그러면, 이 날들은 '믿지 않는 자'에겐 어떤 날이 될까요? 바로 '하나님의 손'이 펼쳐지는 날들이 될 것입니다. '요드'는 하나님의 손을 의미하며, 우리는 애굽에 내렸던 '10가지 재앙'을 다시 한 번 기억해볼 수 있습니다. 하나님께서 불신앙의 사람들에게 내리시는 재앙은, 그들에게는 불공평이지만, 하나님에게는 '정의'입니다. 만약 성도들을 죽이고, 핍박하고, 조롱하고, 훼방했던 자들을, 하나님께서 가만히 두시고, "그래. 너희도 자신을 위해 사느라 수고했다..."하시며, 천국으로 들이신다면, 천국에서 성도들이 슬피 탄원하지 않을까요? 그러나 심판을 하시는 하나님의 정의는 사실, 하나님에게는 당신의 사랑했던 창조물들을 파괴해야 하는 어마어마한 아픔이기도 합니다.

이 모든 심판의 과정들은 구약의 예언서, 복음서 및 요한계시록에 매우 세세하게 나타나 있습니다. 중요한 것은, 이 심판의 대상으로 참여할 수밖에 없었던 존재가 바로 '나'라는 것을 기억하는 것입니다. 심판은 결코, '불구경'이 아닙니다. 성도들에게 해방의 사건이라는 것은 분명하지만, 단순히 기뻐할 수는 없습니다. 우리 주변의 믿지 않는 자들을 향한, 자신의 게으름과 안주함을 돌아보아야 하는 무거운 시간인 것입니다.

요한계시록 14:5 그가 큰 음성으로 이르되 하나님을 두려워하며 그에게 영광을 돌리라 이는 그의 심판의 시간이 이르렀음이니 하늘과 땅과 바다와 물들의 근원을 만드신 이를 경배하라 하더라

6장.
천년 왕국 - 사망의 심판, '뱀, 울타리, 무기(cut off)'

요한계시록 20:4 또 내가 보좌들을 보니 거기에 앉은 자들이 있어 심판하는 권세를 받았더라 또 내가 보니 예수를 증언함과 하나님의 말씀 때문에 목 베임을 당한 자들의 영혼들과 또 짐승과 그의 우상에게 경배하지 아니하고 그들의 이마와 손에 그의 표를 받지 아니한 자들이 살아서 그리스도와 더불어 천년 동안 왕 노릇 하니

낯선 이야기를 좀 하려고 합니다. 그것은 바로, '천년왕국(아들의 나라)'인데요. 이 천년왕국에 대한 이야기들은 신학자들에게 몇 천년동안 이어져 온 뜨거운 감자였습니다. 전천년설, 후천년설, 무천년설 등등... 이렇게 논란이 있었던 이유는, 요한계시록 20장 때문입니다. 천 년이라는 기간 동안 용이 무저갱에 갇혀 꼼짝 못하다가 반드시 잠깐 놓이리라는 3절의 말씀이 좀처럼 이해가 안 가는데... 이 구절을 성경에서 빼버릴 수도 없고, 뭐라 설명할 수도 없으니 말이지요. 그런데 말입니다. 성경을 왜 어렵게 해석할까요? 그저 그렇게 받아들이면 되는데요. '하나님께서 말씀하시니 앞으로 이런 일이 생기겠구나... 아멘!' 이 방법이 성경을 해석하는 가장 건강하고 적극적인 방법입니다.

서론이 길었습니다. 그래서 지금 알려드리고 싶은 것은, 천년왕국이 진행되는 동안 천년왕국 주변에 '울타리'가 있는 것 같이, 성안과 성 밖이 구별된다는 것(계 22:14-15)이고, '옛 뱀'이 천년동안 무저갱에 갇혀 있다가, 땅의 사방 백성(곡과 마곡)을 미혹하여 성도들의 진과 사랑하시는 성을 대항해 전쟁을 일으킨다는 것(계 20:7-10)입니다. 결국, 천년의 시간 이후 최종 불신자들을 향한 '컷 오프(cut off, 탈락)'가 이루어집니다(계 20:14-15). 용이고 사망이고 음부고 생명책에 기록되지 못한 모두는 '불못'에 던져지는 것입니다.

성경, 특히 복음서에 슬피 울며 이를 가는 사람들이 등장합니다. 아마 성경을 주의 깊게 읽으시는 분들이라면 궁금증을 가지셨을 것입니다. '이 사람들은 완전히 끝난 것인가?' 하고 말입니다.

마태복음 24:51
엄히 때리고 외식하는 자가 받는 벌에 처하리니 거기서 슬피 울며 이를 갈리라

마태복음 25:30
이 무익한 종을 바깥 어두운 데로 내쫓으라 거기서 슬피 울며 이를 갈리라 하니라

마태복음 22:13
임금이 사환들에게 말하되 그 손발을 묶어 바깥 어두운 데에 내던지라 거기서 슬피 울며 이를 갈게 되리라 하니라

누가복음 13:28
너희가 아브라함과 이삭과 야곱과 모든 선지자는 하나님 나라에 있고 오직 너희는 밖에 쫓겨난 것을 볼 때에 거기서 슬피 울며 이를 갈리라

마태복음 25:10
그들이 사러 간 사이에 신랑이 오므로 준비하였던 자들은 함께 혼인 잔치에 들어가고 문은 닫힌지라

이 말씀에 대한 해답이 될 것입니다. 이들은 새 예루살렘에 들어가지 못하는 자들입니다. 성 밖에 거하게 되는 자들인 것이지요. 요한계시록에 기록된 상황을 좀 말씀드리면, 천년왕국에서는 열두 진주 문(계 21:21) 즉, 성문이 있는데, 이 성문은 언제나 열려 있습니다(계 21:25). 땅의 왕들이 자기 영광을 가지고 그 성 안으로 들어가는데, 그 안에 있는 생명나무(창 3:24)가 기가 막힙니다. 참고로 그 나라는 발에 밟히는 것이 금이라(계 21:21), 아마 누구도 금에 관심 갖지 않을 것입니다. 생명나무는 달마다 열두 가지 열매를 맺고, 잎사귀는 만국(백성)을 치료하는 목적입니다. 여기서 22장 15절 말씀은 성 밖에 계속 있는 자들에 대한 말씀입니다. 하나님의 구원의 큰 그림(패자부활전)이 여기서 비로소 보이는 것입니다. "자기 두루마기(겉옷)를 빠는 자들은 복이 있으니 이는 그들이 생명나무에 나아가며 문들을 통하여 성에 들어갈 권세를 받으려 함이로다."

하나님의 거룩함은 너무나 철저합니다. 죄와는 조금도 만날 수 없습니다.

민수기 19:20 사람이 부정하고도 자신을 정결하게 하지 아니하면 여호와의 성소를 더럽힘이니 그러므로 회중 가운데에서 끊어질 것이니라 그는 정결하게 하는 물로 뿌림을 받지 아니하였은즉 부정하니라

이 때문에, 하나님은 날마다 회개하지 않은 크리스천들을 주님의 거룩한 새 예루살렘으로 들여보내실 수 없는 것입니다. 예수 그리스도로 인해 모든 죄가 사해졌다는 뜻은 아담의 죄와 우리가 회개할 때 하나님께서 예수 그리스도의 공로로 우리의 죄를 사해주신다는 것을 말하는 것입니다. 구원파는 한 번 구원받으면 더이상 회개할 필요가 없다고 가르치는데, 이것은 복음이 아닙니다.

그래서 우리는 날마다 '코람데오(Coram Deo, 하나님 앞에서)'로 나아가야 합니다. 그리고 사도바울과 같이 날마다 죽어야 합니다(고전 15:31). 최소 한 시간은 깨어 기도해야 합니다(마 26:40). 하나님께서는 은밀한 골방의 기도를 기뻐하십니다(마 6:6).

여담으로, 이스라엘 민족들은 여성까지도 의무군인이 된다고 하는데, 그들은 과연 전쟁에 대해 어떻게 생각하고 있을까요? '안식'의 뜻을 살펴보면, 단순히 평상시에도 평안하다가 때가 되어 안식하는 것이 아닙니다. 진정한 안식은 '전쟁이 끝난 후의 안식'입니다. 유대적 사고 안에는 '저녁이 되고 아침이 되니(창 1:5)'가 깊이 뿌리박혀 있습니다. 어려움이 없이는 즐거움이 없다는 것입니다. 눈물 없이 웃음이 없다는 것입니다. 이 인식은 성경 곳곳에서 나타나고 있습니다. 에덴동산에서도, 그냥 생명나무를 먹을 수는 없었습니다. 뱀의 유혹에서도 선악과를 먹지 않는 그 시험을 통과해야만 생명나무를 먹을 수 있었던 것이지요. 하나님의 구원의 계획 안에도 그 뜻이 나타납니다. 십자가가 있어야 부활이 있습니다. 고난 후에 즐거움이 있구요. 그래서 우리, 성도는 고난을 피하려고 해서는 안 됩니다. 골로새서 1장 24절의 바울의 고백처럼 '예수의 남은 고난을 내 육체에 채우는 것', '괴로움 속에서 기뻐하는 것'이 성도들에게 주어진 사명입니다.

7장.
일곱 우레, '그리고, 보라, 문'

이것은 성경에서 유일하게 여전히 인봉되고, 기록되지 않은 이야기입니다(계 10:4).

4 일곱 우레가 말을 할 때에 내가 기록하려고 하다가 곧 들으니 하늘에서 소리가 나서 말하기를 일곱 우레가 말한 것을 인봉하고 기록하지 말라 하더라

하지만, 요한계시록 10장 7절에 힌트가 있습니다. "일곱째 천사가 소리 내는 날 그의 나팔을 불려고 할 때에 하나님이 그의 종 선지자들에게 전하신 복음과 같이 하나님의 그 비밀이 이루어지리라" 그렇다면 일곱째 나팔(계 11:15)이 하나의 단서군요! 11장 17절로 가봅시다. "감사하옵나니 옛적에도 계셨고 지금도 계신 주 하나님 곧 전능하신 이여 친히 큰 권능을 잡으시고 왕 노릇 하시도다"

하나님께서 친히 왕 노릇 하실 때가 가까웠군요! 성도의 시상식과 불신자의 영벌식이 예비되어 있구요(계 11:18)! 그리고 하나님의 성전이 열리며, 언약궤가 보입니다(계 11:19).

18 이방들이 분노하매 주의 진노가 내려 죽은 자를 심판하시며 종 선지자들과 성도들과 또 작은 자든지 큰 자든지 주의 이름을 경외하는 자들에게 상 주시며 또 땅을 망하게 하는 자들을 멸망시키실 때로소이다 하더라 19 이에 하늘에 있는 하나님의 성전이 열리니 성전 안에 하나님의 언약궤가 보이며 또 번개와 음성들과 우레와 지진과 큰 우박이 있더라

히브리어 자음 '바브'는 '그리고'라는 접속사로 사용됩니다. 또한 히브리어 자음 '헤'는 '보라'는 뜻이구요. 그리고 히브리어 자음 '달렛'은 '문'을 의미합니다. 이 세 자음은 잠시 정적이 있은 후에 문을 주목하게 되는 장면이 떠오릅니다. 하나님의 성전이 열리면서 하나님의 언약궤가 포커싱되는 듯 합니다. 이제 드디어 주인공이 등장합니다!

하나님의 성안에 가장 중요한 위치에 하나님의 성전이 있을 듯 예상되고, 또 그 성전 안에 지성소에 언약궤가 있을 것으로 예상되는데, 그 다음 장면이 너무 궁금하지만, 아무리 찾아봐도 그 다음 장면은 나오지 않습니다. 이 후의 장면을 하나님께서 비밀로 해 두신 데는 다 이유가 있을 것입니다. 베드로 사도가 '억지로 풀다가 스스로 멸망에 이른다(벧후 3:16)'고 경고하신 것을 유의해서, 여기까지 하도록 하겠습니다.

16 또 그 모든 편지에도 이런 일에 관하여 말하였으되 그 중에 알기 어려운 것이 더러 있으니 무식한 자들과 굳세지 못한 자들이 다른 성경과 같이 그것도 억지로 풀다가 스스로 멸망에 이르느니라

그런데, 이스라엘 민족에게 하나님께서 세우라고 친히 명하셨던 것이, '성막'인 것 아시나요? 사실 '성전'을 짓는 것은 '다윗'의 뜻이었지, 하나님의 뜻은 아니었습니다(행 7:44-50). 성전은 한 곳에 머물러 있지요. 성막은 언제나 이동하며, 이스라엘 백성들과 동고동락합니다. 그 성막을 땅 위에 연결하기 위해 꼭 갈고리가 필요하다는 것, 알고 계셨나요(출 26:6)? 이 갈고리는 금, 은, 놋 중 무엇으로 만들어졌을까요? 정답은! 금, 은, 놋, 모두입니다(출 26장). 그런데, 이상하지 않나요? 땅에 박는 갈고리를 금으로 만들다니요! 그 땅에 박혀 잘 보이지도 않는 갈고리를 대체 왜...!

이유가 있습니다. 히브리어 자음 '바브'는 갈고리를 의미할 뿐 아니라, 숫자 6으로 여섯째 날 창조된 '사람'을 의미하고, 특히 사람이 되셔서 하늘과 땅을 연결하는 '예수 그리스도'를 의미합니다. 갈고리가 없으면 하늘의 성막은 땅에 서 있을 수 없는 것이지요. 갈고리는 또한 '못'을 의미하는데, 땅에 박혀있는 십자가와 예수 그리스도를 연결한 것이 못입니다. 아무쪼록 이 갈고리는 연결하는 의미이며, 히브리어에서 '그리고' 라는 접속사입니다. 우리는 이 갈고리와 같은 사람이 되어야 합니다.

예수 그리스도께서 친히 하늘과 땅을 연결하는 갈고리가 되셨던 것처럼, 우리도 또한 하나님을 알지 못하는 사람들을 하나님과 연결시켜주는 이가 되어야 합니다. 금 갈고리는 아닐지라도, 우리는 우리 자리에서 이 '갈고리'의 역할을 다 해야 할 것입니다. 너와 너를 하나 되게 하고, 그들과 그들을 하나 되게 하는 역할이요!

8장.
천국 창고, '낙타, 집, 수소'

천국 창고는 아버지의 나라입니다. 이 천국 창고의 삶에 대해서는 성경에 자세히 나와 있지 않습니다.

고전 15:23-28 23 그러나 각각 자기 차례대로 되리니 먼저는 첫 열매인 그리스도요 다음에는 그가 강림하실 때에 그리스도에게 속한 자요 24 그 후에는 마지막이니 그가 모든 통치와 모든 권세와 능력을 멸하시고 나라를 아버지 하나님께 바칠 때라 25 그가 모든 원수를 그 발 아래에 둘 때까지 반드시 왕 노릇 하시리니 26 맨 나중에 멸망 받을 원수는 사망이니라 27 만물을 그의 발 아래에 두셨다 하셨으니 만물을 아래에 둔다 말씀하실 때에 만물을 그의 아래에 두신 이가 그 중에 들지 아니한 것이 분명하도다 28 만물을 그에게 복종하게 하실 때에는 아들 자신도 그 때에 만물을 자기에게 복종하게 하신 이에게 복종하게 되리니 이는 하나님이 만유의 주로서 만유 안에 계시려 하심이라

이 고린도전서 15장에서 바울 사도는 앞으로 이루어질 하나님의 나라에 대해 묘사합니다. 특히 24절에 예수님께서 모든 통치와 모든 권세와 능력을 멸하시고 나라를 아버지 하나님께 바칠 때가 있다고 말하는 부분을 주목해야 할 필요가 있습니다. 저는 이 파트에서 삼위일체를 재정립하기 원합니다. 삼위일체가 너무 어려워서 그런지 하나님과 아들 예수님과 성령님이 한 분이신데 부르는 이름만 다르다고 설명하는 교회도 있습니다. 예를 들어서 한 사람이 아버지이시기도 하고 직업으로 의사이시기도 하고, 마을에서는 이장님이시기도 하고 그렇다는 것입니다. 아니면, 사역하신 시대에 따라 같은 분을 다르게 부른다고 말하기도 합니다.

구약시대에는 하나님, 신약시대에는 예수님, 교회시대에는 성령님으로요. 제가 하나님, 예수님, 성령님에 대해 정의내리지는 않겠지만, 앞에서 가르치는 방식으로 하나님을 알려준다면, 성경적이지는 않다는 것을 말씀드릴 수 있습니다. 성경은 분명 아들의 나라와 아버지의 나라를 구분하고 있으며(고전 15:23-28), 아들 예수님과 아버지 하나님의 원함이 다를 수 있음을(마 26:39), 성령님과 아들 예수님의 사역을 구분하고 있습니다(요 15:26; 요1 5:6). 특히 고린도전서 15장 28절에서 바울 사도는 예수님께서 그 때에 아버지에게 복종하게 되신다는 것을 분명하게 전하고 있습니다. 성부 성자 성령 세 분은 각각의 인격이 있으십니다. 그런 의미에서 세 분은 각각 다른 분이십니다. 그러나 하나가 되는 것은 바로 사랑 때문입니다. 사랑은 추상적으로 하나 되게 하는 것이 아니라 실세로 하니 되게 하기 때문입니다.

요한복음 17:23 곧 내가 그들 안에 있고 아버지께서 내 안에 계시어 그들로 온전함을 이루어 하나가 되게 하려 함은 아버지께서 나를 보내신 것과 또 나를 사랑하심 같이 그들도 사랑하신 것을 세상으로 알게 하려 함이로소이다

하나님께서 예수님을 사랑하셨기 때문에 그들이 하나되셨습니다. 그분들이 하나되신 것처럼 교회 공동체 안에 예수께서 계신다면 예수님과 하나가 되며 온전해집니다. 이 문장들은 예수님의 유언입니다. 가장 중요하고 가장 핵심적인 메시지이기 때문에 잡히시기 직전에 제자들에게 긴밀히 말씀하신 것입니다.

롬 5:9-11 9 그러면 이제 우리가 그의 피로 말미암아 의롭다 하심을 받았으니 더욱 그로 말미암아 진노하심에서 구원을 받을 것이니 10 곧 우리가 원수 되었을 때에 그의 아들의 죽으심으로 말미암아 하나님과 화목하게 되었은즉 화목하게 된 자로서는 더욱 그의 살아나심으로 말미암아 구원을 받을 것이니라 11 그뿐 아니라 이제 우리로 화목하게 하신 우리 주 예수 그리스도로 말미암아 하나님 안에서 또한 즐거워하느니라

이 말씀 또한 매우 중요한데, 앞에서 보았듯이, 구원이 세 단계로 표현되어 있습니다.

첫 번째 단계	두 번째 단계	세 번째 단계
예수 피로 의롭다 하심을 받음 하나님과 화목하게 됨	진노하심에서 구원받음 예수의 부활로 말미암아 구원얻음	예수로 말미암아 하나님 안에서 즐거워 함

첫 번째 단계는 이 세상에서의 구원입니다. 그리고 두 번째 단계는 천년왕국(아들의 나라)에서의 구원입니다(물론 천년 왕국에서 세 번째 단계의 구원을 누리는 이들도 있습니다). 그리고 세 번째 단계는 아버지의 나라에서의 구원입니다. 그 단계에서 슬픔은 없습니다. 오직 즐거움만이 존재합니다.

하나님의 나라에 존재하는 확실한 세 분을 추린다면, 하나님, 예수님, 성령님이십니다. 그리고 그 중에 가장 마지막으로 왕 되시는 분은 하나님이십니다. 하나님과 예수님, 그리고 성령님에 대해 히브리어와 연결해서 알아보겠습니다.

먼저, '낙타'는 성령님을 의미합니다. '낙타'의 주 무대는 '광야, 사막'입니다. 바로 성도들의 현재 자리입니다. 낙타는 사람과 짐을 들어 올려주기 때문에, 히브리어 '기멜'에는 '자라게 하다, 온전하게 하다'는 뜻이 생기게 됩니다. 이와 같이 성령님은 우리를 자라게 하고, 온전케 하십니다. 광야에는 물(말씀, 생명, 예수님)이 없습니다. 그러나 낙타는 오래 견딜 수 있고, 지치지 않으며, 가시가 많은 식물들을 통해서도 수분을 섭취합니다. 낙타는 광야에서 필수적인 동물입니다. 성령님도 우리가 광야와 같은 세상을 살 동안, 너무나도 든든한 지원군이십니다.

두 번째, '집'은 예수님을 의미합니다. 우리에게 보이지 않는 집이 있으니, 그것은 교회입니다. 그리고 예수님은 교회의 머리이십니다(엡 1:22, 골 1:18). 또한 히브리어 '베트'는 성막을 형상화한 글자인데, 성막 안에 예수님을 상징하는 표지들은 너무나도 많습니다. 특히 성막의 네 가지 덮개는 예수님을 그대로 나타내고 있는 듯합니다. 가장 바깥쪽에 있었던 물개 가죽은 예수님의 험난하고 거칠었던 삶과 볼품없고 고단한 육체를 나타내고, 붉게 물들인 수양의 가죽은 십자가에서 피 흘리신 예수를, 염소털 덮개는 부활하신 예수를, 마지막으로 성소 안에서만 볼 수 있는 청색 자색 홍색 흰색의 가는 베실 덮개는 찬란한 영혼의 아름다움을 나타냅니다.

마지막으로 '수소'는 하나님을 의미합니다. '소'는 생전에는 젖과 노동력을 제공하고, 죽어서는 육체의 모든 것을 우리의 식량으로 남기는 참 좋은 동물입니다. 이스라엘 민족에게도 소는 그러한 동물이었을 것입니다. 그래서 광야에서 '송아지'를 황금으로 만들어 섬기는 우까지 범했는지 모르지요(출 32장). 그러나 '소'는 동물 중 으뜸이었기 때문에, 히브리어 '알레프'는 숫자로 1이고, 지도자와 아버지를 의미합니다. 알레프와 베트로 이루어진 '아브'라는 단어는 집의 '지도자', 즉 '아버지'를 의미하지요. 그 외에도 '알레프'는 사랑 '아하브', 진리 '에메트', 불 '에쉬', 사람 '아담', 하나님 '엘로힘' 등등... 성경의 중요한 수 많은 단어들이 시작되는 자음입니다. 또한 히브리어 알레프가 손을 의미하는 두 개의 요드와 못을 의미하는 바브로 이루어져 있다는 것은 의미심장합니다. 십자가 사랑으로 시작해서 십자가 사랑으로 끝나는 히브리어 자음의 지도입니다. 또한 하나님은 '하나(1)'님이십니다.

유일하신 분이시며, 스스로 계신 분입니다. 모든 만물이 주에게서 나오고 주로 말미암으며 주에게로 돌아가게 됩니다(롬 11:36). 하나님께서 우리를 만드셨고, 우리는 하나님을 위해서 있습니다(고전 8:6). 성경의 결론은 하나님께서 우리를 위해 계신 것이 아니라, 우리가 하나님을 위해 존재한다는 사실입니다. 우리는 모두 이 세상에서 구원을 받기 위해 성경을 상고하였지만, 오히려 이 세상에 내가 살아가는 이유가 오직 하나님을 위해서 살아가는 것임을 깨닫는 과정이 되었기를 소망합니다.

하나님을 위해서 살아가는 삶은, '나 중심'은 아닙니다. '인간 중심'도 아닙니다. 르네상스 시대에 많은 이들이 갈구하며 외쳤던 '그런 자유'도 없습니다. 모든 사람이 구원받는 '인간 평등'도 없으며, 모든 사람이 잘 먹고 잘 사는 '유토피아'도 없습니다. 그러나 세상 어디에서도 찾아볼 수 없는 '참 진리'가 있으며, '참 자유'가 있습니다. 인간 중심으로 바라볼 때 '공평'하지는 않습니다. 그러나 하나님께서는 질서 있게 이 땅을 창조하셨고, 하나님께서 하신 약속을 역사 속에서 지켜나가십니다. 그리고 어마어마한 우주 속에 매우 매우 작은 우리 한 영혼을 천하보다 소중히 여기시며 인생의 시간들을 허락하신 것입니다.

제2권

메노라, 구원의 여정

이스라엘 절기에 나타난
요한계시록

1장.
유월절

이스라엘 백성은 첫째 달 열 번째 날에 양 한 마리를 선별하여 유월절 양으로 흠이 없는지 관찰합니다. 그리고 무교절의 첫날인 유월절, 일몰 후에 양을 잡습니다(막 14:12). 이날은 유대력으로 첫째 달 열 넷째 날이며(우리 달력으로 3-4월)(민 28:16), 여호와께서 밤에 이스라엘 백성을 애굽에서 인도하여 내셨음을 기억하는 절기입니다(신 16:1). 또한 예수님도, 예수님의 부모도 그렇게 하셨던 것처럼, 이스라엘 백성은 유월절을 예루살렘에 모여서 지킵니다(요 2:13, 눅 2:41, 대하 30:1).

유월절을 지킬 수 있는 사람은 유대인 뿐만이 아닙니다. 타국인도 이 유월절을 지킬 수 있습니다(민 9:14). 단, 할례를 받은 후에야 양을 먹을 수 있습니다(출 12:48). 누구든지 먹기 전에 스스로를 깨끗하게 하고 양을 먹어야 하는데(대하 30:18), 제사장은 이 양의 피를 뿌리고(대하 35:11), 레위인들이 짐승의 가죽을 벗기며(대하 35:11), 불에 구워 백성들이 먹게 하는데(대하 35:13), 이 양을 아침까지 조금도 남겨두어서는 안 되고, 양의 뼈를 꺾어서도 안 됩니다(민 9:12).

이러한 유월절의 규례는, 예수님의 십자가 사건과 놀랍게 일치합니다. 예수님께서는 유월절 전에 예루살렘으로 올라와 계셨고, 이때 대제사장들과 백성의 장로들이 예수님에게 흠이 있는지 찾아내고자 하였으나 하지 못하였습니다(막 14:55). 예수님은 흠 없는 유월절 어린 양이셨던 것입니다(벧전 1:19). 우리는 이 양을 통하여 애굽인 세상에서, 광야 교회로 구원을 받게 됩니다. 예루살렘으로 와서 지켜야 하는 이유는, 유월절 어린양의 죽음을 직접적으로 경험해야 하기 때문입니다. 대제사장은 이스라엘 민족을 대표하는 인물로, 예수님을 죽인 이들이 바로 이스라엘 민족이었음을 뜻하기도 합니다. 제자들 가운데서 예수님을 밀고한 인물이 나오고(가룟 유다), 제자들을 대표한 베드로가 예수님을 세 번이나 부인한 사건도 이 맥락과 무관하지 않습니다.

한 편, 이방인들도 유월절을 지킬 수 있다는 것은 예수 그리스도의 구원이 이스라엘 뿐 아니라, 열방과 세계를 향한 것임을 가리킵니다. 다만, 유월절 양을 먹기 전에 할례와 정결함이 필수라는 점은, 우리가 예수 그리스도를 주로 믿기 전에 회개가 필수적으로 이루어져야 함을 알려줍니다. 이방인에게 생명 얻는 회개(행 11:18)를 주신 것은 특혜이고, 놀라운 하나님의 은혜인 것입니다. 양의 피가 우리를 깨끗하게 하고, 양의 고기는 우리의 몸과 하나 되어 우리를 살찌게 합니다. 이때, 양을 아침까지 모두 다 먹어야 하고, 뼈를 꺾어서는 안 된다는 규례는, 우리가 하나님의 말씀을 들을 때, 열정을 다 하여 우리의 영혼의 양식으로 삼아 들어야 하고, 듣는 자가 거꾸로 하나님의 말씀을 변개해서는 안 된다는 것을 경고합니다.

한번, 몽골의 이슬람 소수민족이 양으로 제사하는 장면을 영상으로 본 적이 있습니다. 한 집안의 가장이 양의 머리에 안수를 해서 자신과 그 가족의 죄를 모두 양에게 옮깁니다. 그리고 양을 잡아 먹습니다. 양은 소리 한 번 내지 않고 묵묵하게 죽음을 맞이합니다. 저는 한 번 보았던 그 영상이 가슴에 남았습니다. (지금은 그 영상이 사라진 것 같고, 유튜브에서 보시고 싶으시면 유월절 어린양이 어떻게 제사되는지 보실 수 있습니다) 예수님은 이렇게 우리의 죄 때문에, 우리의 손에 의해 돌아가셨습니다.

실제 유튜브에서는 성막 제사 재연 장면을 볼 수 있다.
사진은 한 유튜브에서 공개된 제사 장면

유월절 어린 양은 인류를 대속하여 죽임을 당하시기 위해 이 땅에 오신 것입니다. 우리의 신앙 여정도 예수의 길을 걸어가는 것입니다. 예수 그리스도는 십자가를 지고 그 십자가에 달리셨을 때 '다 이루었다!'고 외치셨는데(요 19:30), 이것은 무엇을 의미할까요? 우리도 십자가를 지고 따라야 함을 의미합니다. 그런데 이 십자가의 도를 따르는 크리스천들은, 도무지 십자가를 지려고 하지 않습니다. 부활의 삶을 사는 것, 천국의 삶을 누리는 것도 중요합니다. 그러나 이것은 십자가를 통과했을 때 자연스럽게 따라오는 것입니다. 과연 십자가를 진 적 없는 크리스천에게 하나님의 상급은 없습니다!

오늘 본문 말씀에서 우리는 예수님을 제외하고 잊지 말고 기억해야 할 한 인물이 있습니다. 누가 예수님을 죽였는가? 입니다. 우리가 사도신경에서 고백합니다. 누가 죽였다고요? 바로 본디오 빌라도입니다. 이 사람의 죄는 무엇일까요?

사실, 예수님 당시 빌라도는 예수님을 놓아주려고 힘썼습니다. 언뜻 보면 "유대 교권주의자들에게 고난을 받아"라고 해야 할 것 같은데 왜 "본디오 빌라도에게 고난을 받아"라고 하게 되었을까요? 빌라도의 죄는 어떤 죄입니까? 바로 선을 알고도 행하지 않는 죄였습니다. '악을 행하는 것'만이 아니라 '선을 행하지 않는 것'도 죄입니다.

당시 빌라도는 자기가 진짜 하나님의 아들을 죽이는 것이 아닌가 하는 두려움 가운데 심란한 마음으로 예수님께 물었습니다. "너는 어디서 왔는가?" 진짜 하나님의 아들인지를 파악해보려는 질문이었습니다. 그때 예수님이 대답하지 않고 침묵하자 빌라도가 말했습니다. "내게 말하지 아니하느냐 내가 너를 놓을 권한도 있고 십자가에 못 박을 권한도 있는 줄 알지 못하느냐(10절)." 예수님 앞에서 호기를 부리는 모습입니다. 이것도 큰 죄입니다.

빌라도의 교만한 말에 침묵하시던 예수님이 한 마디 하셨습니다. "하나님이 허락하지 않았다면 나를 해할 권세가 없었기에 나를 네게 넘겨준 자의 죄가 더 크다(11절)." 그때 예수님의 의연한 모습을 보고 빌라도는 예수님을 '뭔가 있는 신비한 인물'로 알고 놓아주려고 힘썼습니다. 아미 예수님에게 사형 판결을 내리면 무서운 저주가 임할 것을 예감했던 것 같습니다. 그래서 예수님을 놓아주려고 했지만 유대인들이 "그러면 당신은 가이사(로마 황제 시저)의 충신이 아닙니다. 자기를 왕이라 하는 자는 반역자입니다."라고 소리쳤고,(12절) 결국 빌라도는 예수님을 끌고 나가 '돌을 깐 뜰(히브리 말로 가바다)'에 있는 재판석에 앉았습니다(13절). 이 날은 유월절의 준비일이고 때는 제6시였습니다. 그날은 이미 유월절이기에 '유월절의 준비일'이란 표현은 '유월절 주간의 안식일의 준비일'이란 뜻으로 오늘날의 금요일을 말하는 것일 것입니다. 제6시는 히브리 시간으로는 12시이지만 로마 시간으로는 오늘날처럼 새벽 6시입니다. 사도 요한은 로마 시간으로 표현했기 때문입니다. 마가복음 15장 25절을 보면 예수님은 제3시에 십자가에 못 박히셨습니다. 마가는 히브리 시간으로 표현했는데 그 시간은 오전 9시였습니다.

새벽 6시에 빌라도가 정식 재판석에 앉아 유대인들에게 "보라 너희 왕이로다."라고 하자 유대인들이 소리쳤습니다. "없이 하소서 없이 하소서 그를 십자가에 못 박게 하소서." 빌라도가 말합니다. "내가 너희 왕을 십자가에 못 박으랴?" 대제사장들이 대답합니다. "가이사 외에는 우리에게 왕이 없나이다." 불의한 종교 권력자가 로마 황제에게 마음에도 없는 아부성 발언을 하는 것입니다. 듣기 좋은 말 같지만, 실제로는 로마 황제를 높이려는 말이 아니라 빌라도의 결단을 압박하려는 말이었습니다. 결국 빌라도는 예수님을 십자가에 못 박도록 그들에게 넘겨주게 됩니다(16절).

마태복음 27장 24절을 보면 민란을 염려해 예수님을 십자가에 못 박게 판결했다고 했습니다. 빌라도는 철저히 자기 이익과 출세만 생각했지요. 자기 입지와 출세만 생각하고 인기에 영합한 선택을 하면 잠깐 출세하는 것 같아도 결국은 더 망하게 됩니다. 그 사실은 빌라도에 관한 역사적 기록이 잘 말해줍니다. 빌라도는 주후 26년부터 36년까지 다스린 5대 유대 총독으로 출세 가도를 달리다가 나중에 그의 주도하에 난 사마리아 학살사건을 듣고 로마정부가 소환하자 자기 정치생명이 끝났다고 여기고 자살하게 됩니다. 그것이 빌라도의 종말입니다.

출세만 생각하고 자신이 당장에 좋은 것만 생각하고 선택하면 그것은 불행한 선택이 됩니다. 자기가 몸담을 공동체를 선택할 때도 "내가 이곳을 위해 무엇을 할까?"를 생각하고 선택하면 하나님이 기뻐하시는 선택이 되지만 "내가 이곳에서 무엇을 얻을까?"를 계산하고 선택하면 불행한 선택이 될 것입니다. 선택할 때 인기와 출세를 위한 세상적인 성공보다는 하나님의 영광을 위한 신앙적인 성공을 먼저 생각하고 하시길 부탁드립니다.

이것이 바로, 본디오 빌라도의 평범하지만 엄청난 죄악입니다. 이 본디오 빌라도는 어쩌면 매우 평범한 사람입니다. 그저 자신의 할 일을 했을 뿐입니다. 아주 잠시만 양심을 버렸을 뿐입니다. 그러나 결국은 사탄과 손 잡았으며, 회개하지 않았기 때문에 영원히 예수 그리스도를 죽인 사람으로 기억됩니다. 우리는 이 짧은 세상을 어떻게 살아야 할까요? 우리는 앞으로 예수님의 유월절을 어떻게 보내야 할까요? 겸손하게 보내시기 바랍니다. 본디오 빌라도처럼 재판석에 앉지 마시기 바랍니다.

자꾸 판단하다 주님을 판단하는 자리에 앉게 될까 두려워하십시오. 듣기 좋은 이야기에 현혹되지 마십시오. 돈을 벌게 해준다. 높은 자리에 앉게 해준다. 존경받게 해준다. 다 사탄의 이야기 아닌가요? 그런데 크리스천들이 왜 이렇게 이런 말에 쉽게 쉽게 자신을 내어주는지 알 수 없습니다. 마지막으로 다시 십자가로 돌아가시기 바랍니다. 우리가 구원의 여정을 시작했던 그 곳. 십자가! 그 곳으로 매일, 매 순간 돌아가시기 바랍니다. 그것이 본디오 빌라도와 가장 먼 자리이고, 예수님과 가장 가까운 자리이며, 하나님께서 가장 기뻐하시는 자리이기 때문입니다.

2장.
무교절

이스라엘 민족의 모든 남자는 일 년에 세 번 곧 무교절과 칠칠절과 초막절에 하나님께서 택하신 곳에서 빈손이 아닌 상태로 여호와를 뵈어야 합니다(신 16:16). 무교절은 이처럼 이스라엘 민족에게 중요한 절기이며, 유월절 다음날부터 이어지는 절기이고,(막 14:12) 세계에서 가장 오래 된 절기입니다. 무교절은 말 그대로 무교병, 즉 누룩 없는 떡 즉 고난의 떡을 먹는 날입니다(신 16:3). 이스라엘 민족이 애굽에서 나올 때, 준비할 기간을 가진 것이 아니라 쫓겨나듯 지체하지 않고 나왔기 때문에, 발효되지 못한 반죽으로 무교병을 구워 먹었던 것입니다.

무교절은 7일 간 지키게 됩니다(출 12:15). 성도의 구원과정으로 보면, 예수님의 십자가 사건으로 주님을 만나고, 그 후에 구원을 받는 과정들이 바로 이 무교절입니다.

출 12:17 너희는 무교절을 지키라 이 날에 내가 너희 군대를 애굽 땅에서 인도하여 내었음이니라 그러므로 너희가 영원한 규례로 삼아 대대로 이 날을 지킬지니라

신명기 17장에서 이스라엘의 '왕 된 자가 해야 할 일'들 가운데 하나는 '그 백성을 애굽으로 돌아가게 말 것이며…'라고 합니다. 또한 바울의 사도행전 7장 34절에 의하면 예수께서 이 세상에 오신 이유를 설명하는 장면에서도 애굽은 이스라엘 백성들이 고통을 받는 곳으로 묘사되었고 궁극적으로 그것은 세상을 의미하는 도구가 되었습니다. 그래서 무교병도 급하게 먹고 나오라는 것. 즉, 세상에서 빨리 나오라는 것입니다. 세상에서 빨리 나오는 것이 구원입니다.

   레위기 말씀을 보면, 무교절의 첫 날에는 성회로 모이고 아무 노동도 하지 말아야 합니다. 이레 동안 여호와께 화제를 드리고 일곱째 날에도 성회로 모이고 아무 노동도 하지 말라고 합니다.

레 23:5-8 5 첫째 달 열나흗날 저녁은 여호와의 유월절이요 6 이 달 열닷샛날은 여호와의 무교절이니 이레 동안 너희는 무교병을 먹을 것이요 7 그 첫 날에는 너희가 성회로 모이고 아무 노동도 하지 말지며 8 너희는 이레 동안 여호와께 화제를 드릴 것이요 일곱째 날에도 성회로 모이고 아무 노동도 하지 말지니라

   일을 하지 않는다는 것은 우리의 마음을 세상을 향하게 하지 말고 하나님께 집중하라는 의미입니다. 또한 이레 내내 화제를 드리라는 것은, 항상 성령 충만하게 하나님 앞에 예배자로 서 있으라는 말입니다. 이레 내내 먹어야 하는 무교병은 예수 그리스도, 말씀을 상징합니다(요 6:48). 무교절은 이스라엘 민족에게도 홍해의 역사를 아직 경험하지 않아, 두려움에 떨고 있는 시기였을 것이고, 제자들도 이 시기에 그러했습니다(요 20:19). 예수님의 죽음이 '모든 것의 끝'인 것만 같았지요. 주위에는 아무 희망도 보이지 않고, 모든 상황이 적막하고 어둡습니다.

크리스천에게도 이러한 시기가 있습니다. 맛없는 무교병을 씹어야 하는 시기이지요. 말 그대로 고난의 떡을 먹는 때입니다. 하나님의 말씀도 사실은 무교병과 같습니다. 카스테라처럼 부드럽지도 않고, 디저트처럼 달콤하지도 않으며, 페스츄리처럼 기름지고 쫀득한 맛도 없습니다. 그러나 씹을수록 고소하고, 점점 깊은 맛이 우러납니다. 그리고 피가 되고 살이 됩니다.

이스라엘 사람들은 무교절을 지키기 위해 먼저 청소를 합니다. 곰팡이를 제거하는 것입니다. 어머니께서 먼저 집안 곳곳을 뒤지며 누룩이 남아있는 음식이 혹시라도 떨어져 있는지 뒤집니다. 그리고 아이들이 촛불을 들고 다시 한 번 살핍니다. 그런데 여기서 왜 누룩을 제거하였는지 궁금증이 생깁니다. 누룩은 마태복음 16장 11절에 나오는데, 바로 바리새인과 사두개인의 악한 교훈을 상징합니다. 바울도 갈라디아서 5장 9절에서 누룩을 거짓교리에 비유하여 사용하였습니다.

무교병은 히브리어로 마짜라고 하고, 이 단어는 율법을 의미하는 단어인 미쯔바와 같은 자음을 사용합니다. 무교병을 먹는 그 자체가 하나님의 율법을 듣고 지키는 것을 의미한다는 것입니다. 그래서 랍비들은 이스라엘 백성들이 무교병을 먹는 7일의 기간 동안 자신들이 스스로를 이 세상 가운데서 하나님의 제사장으로서 거룩한 삶을 살고 그것을 통해 세상 많은 나라들로 하여금 하나님을 경외할 수 있는 법을 배우도록 하는, 제사장적 삶을 사는 기간이라고 해석하기도 합니다. 실제로 성전에서 제자상들만 먹을 수 있었던 진설병도 누룩이 들어가지 않은 무교병이었으며 심지어는 그 형태까지도 무교절의 무교병과 같습니다.

지금은 성만찬 때도 무교병이라고 해서 비스킷 같은 것을 주는데, 당시에 무교병은 그 두께가 1 트파흐였습니다. 트파흐는 손바닥 넓이를 가리키는 약 10cm정도의 넓이입니다. 무척 두껍지요. 한번 구운 무교병은 식어지면 딱딱하게 굳어서 다시 먹을 수 없습니다. 그래서 이 무교병은 하루 하루 새롭게 구울 수밖에 없는데, 하나님의 말씀은 매일 매일 새롭게 먹어야 한다는 뜻입니다. 예수님께서 유월절 만찬 가운데 제자들에게 무교병을 나누어 주시면서 당신의 몸을 무교병이라고 언급하십니다. 무교병을 먹고 당신을 기억하라고 말씀하시는 의미는 예수님으로 말미암아 고통스러운 죄에서부터 신속하게 구원을 받아 자유를 얻게 된 사실을 매일매일 새롭게 다시 기억하고 또 다시 기억하라는 것입니다.

맞습니다. 교회는 예수 그리스도의 몸에 참여한 예수 공동체입니다. 그래서 진설병이 성소 안에 이스라엘의 숫자인 12개가 놓여있었던 것입니다. 이것은 물론 이스라엘이신 예수 그리스도를 뜻하며 동시에 영적인 이스라엘의 바통을 이어받은 우리를 의미합니다. 즉, 우리 역시 이웃을 위한 떡이 되어야 합니다. 우리가 예수님을 먹을 뿐 아니라, 우리 한 사람 한 사람도 말씀이 되어서 다른 사람에게 먹혀야 함을 의미하는 것입니다. 예수님이 우리에게 먹히신 것과 같이요.

예수님의 죽음에 대해 상고해보겠습니다. 예수님은 사실, 하나님이시기 때문에 죽음을 경험하실 수 없는 분이십니다. 그런 분이 죽음을 경험하시기 위해, 우리에게 먹히시기 위해, 당신의 신성을 포기하시는 일이 생깁니다. 그 시간이 바로 십자가에 달리셔서 '엘리 엘리 라마 사박다니'라고 외치시는 순간입니다.

예수님께서는 십자가에 달리신 시기에 하나님과의 단절을 경험하셨습니다. 하나님의 아들이라는 신분을 가지고는 죽임을 당하실 수 없었으며, 지옥에 가실 수도 없었습니다. 그러나 '우리 영혼을 구원하기 위해', 당신 스스로를 심판 받는 자리까지 낮추신 것입니다. '엘리 엘리 라마 사박다니(막 15:34)'의 절규는 하나님과 단절된 한 인간의 고통스러운 절규입니다. 그러나 예수님께서 겪으셨던 이 고통이 없었다면, 이 기적적인 구원 역사는 결코 완성되지 못했을 것입니다.

이제, 이 무교병, 예수님을 어떻게 먹을지에 대해 고민해보겠습니다.

누군가가 말했습니다. '기도는 죄를 찾는 현미경과 같은 것'이라고... 또한 누군가가 말했습니다. '성경은 자신을 들여다보는 거울과 같은 것'이라고... 이것이 무교병을 씹는 신앙생활의 모습입니다. 바울 사도가 영적인 아들 디모데에게 "하나님의 말씀과 기도로 거룩하여짐이라(딤전 4:5)"라고 말씀하신 이유는, 말씀과 기도로서 자신을 더욱 깊이 들여다보라는 말인 것입니다. 그 외의 것을 추구해서는 안 됩니다. 말씀을 열심히 읽고, 자신이 무언가를 했다는 뿌듯함으로 자랑스러워한다면... 혹은 기도를 열심히 하고, 하나님과 조금은 가까워졌겠지...라는 자족함에 갇혀 있다면... 참으로 답답할 노릇입니다. 기도를 하면 할수록, 말씀을 읽으면 읽을수록, 하나님 앞에 점점 더 고개를 숙일 수밖에 없는 존재가 바로 우리인데 말입니다.

시편 1편 2절 오직 여호와의 율법을 즐거워하여 그 율법을 주야로 묵상하는도다

여기에 말씀을 묵상하는 방법이 나와있습니다. 묵상이라는 히브리어 단어는 하가입니다. 이 단어와 이사야 31장 4절의 단어와 동일합니다.
여호와께서 이같이 내게 이르시되 큰 사자나 젊은 사자가 자기의 먹이를 움키고 으르렁거릴 때에 그것을 치려고 여러 목자를 불러 왔다 할지라도
여기서 으르렁거리다는 것이 하가입니다. 사자가 먹이를 입에 물고 주위를 두리번거리며 으르렁거리는 이유가 무엇입니까? 다른 사자들이 먹이를 빼앗아가는 것에 공격성 경고를 주는 것이겠지요. 우리가 혹시 말씀을 먹으며 이렇게 으르렁거린 적이 있을까요? 한 밀씀 힌 말씀을 소중히 여기며, 사탄이 채어가지 않을까 하는 마음으로 주위를 살피는 것. 또한 하가를 한다는 것은 신음한다는 말과도 동일합니다.

예레미야 48장 31절 그러므로 모압을 위하여 울며 온 모압을 위하여 부르짖으리니 무리가 길헤레스 사람을 위하여 신음하리로다

말씀을 먹으며 신음해야 한다는 것입니다. 이것이 말씀과 씨름하는 것입니다. 우리 안에는 하나님의 말씀을 거부하고 거역하는 본성이 있습니다. 그래서 말씀을 들을 때 존다는 것은 그만큼 제대로 듣지 않는다는 것입니다. 사실 말씀을 들으면 들을 수록 짜증나고 화나고 속상해야 정상입니다. 신음해야 합니다. 그래야 내 안의 죄성이 드러나고 하나님의 말씀 앞에 항복합니다. 이렇게 아주 조금씩 우리들의 마음이 하나님의 말씀으로 정복되는 것이 바로 하나님의 나라가 확장되는 것이고, 온전해지는 것입니다.

말씀을 지키기 위해서 우리는 내 안의 다른 나와 싸우고, 같은 믿음의 사람들과도 경쟁해야 합니다. 영적인 욕심이 있어야 합니다. 이것은 나쁜 욕심이 아닙니다. 저 사람보다 내가 하나님의 사랑을 더 많이 받고 싶어! 라는 욕심은 가져도 되는 욕심. 선한 욕심입니다. 사람의 사랑을 받고자 하는 것은 대부분 망상이 되지만, 하나님의 사랑을 받고자 하는 것은 대부분 열정이 됩니다. 왜냐하면, 구약에서 하나님은 사람을 뽑으시는 분이시기 때문입니다. 하나님의 이름이 무엇입니까? 아브라함 이삭 야곱의 하나님이십니다. 이것은 살아있는 자의 하나님이시라는 말입니다. 놀라운 인생 이야기를 만들어 내시는 하나님이시라는 말입니다.

 신앙생활을 재미있게 하기 원하십니까? 그러면 하나님 앞에 여러분을 던지시기 바랍니다. 하나님의 요구에 응답하시기 바랍니다. 그러면, 여러분의 삶은 아브라함 이삭 야곱과 같은 놀라운 삶으로 바뀔 것입니다. 이것이 맛없는 무교병을 씹는 삶입니다. 내 안의 본능, 내 안의 완악함, 내 안의 무지함, 내 안의 세상적 욕심 이것을 하나님의 말씀을 '하가'함으로서 담대히 광야를 건너시기를 부탁드립니다.

 그리고, 예수님과 같이 여러분도, 저도 모두 무교병이 되시기를 소원합니다. 무교병은 먹혀야 합니다. 무교병은 누룩(요즈음의 이스트)가 들어가 있지 않아 부드럽지 않습니다. 무교병은 맛이 없습니다. 그러나 무교병은 분명히 사람을 살립니다. 힘이 나게 합니다. 생명을 줍니다. 이것은 우리가 때로 주변의 믿지 않는 자들에게 쓴 소리를 통하여 살려야 함을 뜻합니다. 예수님 이야기하면 관계가 어그러질까봐 주저하시는 분 계십니까? 먼저 기도하십시오. 그리고 하나님의 때를 기다리십시오. 그리고 때가 되면 말씀하십시오.

말씀을 전할 때를 준비하시기 원하십니까? 말씀의 검을 사용하시기 원하십니까? 무교병을 드시기 바랍니다. 즉, 말씀을 묵상하시기 바랍니다. 그리고 무교병이 되시기 바랍니다. 살아있는 말씀 그 자체가 되시기를 부탁드립니다.

사제가 아니면 성경을 구하기 어려운 시대, 읽을 수도 없는 라틴어로 쓰인 성경을 번역해서 길 거리, 광장, 아무 곳에서나 말씀을 외치던 1517년 종교개혁 100년 전의 '성경이 된 사람들'과 같이 무교병이 되시기를 주님의 이름으로 축복합니다. 이들은 이렇게 무교병이 되어서 로마 주교에 의해 화형되거나 산 채로 찢기는 순교를 당했습니다.

오늘 본문 말씀에서 천 년 동안 왕노릇하는 자 어떻습니까? 예수를 증언함과 하나님의 말씀 때문에 목 베임을 당합니다. 그리고 우리 육신의 것을 취하기 위해 짐승에게 경배하지 않습니다. 현재 우리는 너무나 복된 시대에 살고 있는데, 만약 이렇게 좋은 환경에서도 무교병이 되기를 주저한다면, 우리는 주님 앞에 어떻게 설 수 있을까요? 주님을 위해 당신의 생명을 건 수많은 믿음의 선진들과 어떻게 자리를 같이 할까요? 어떻게 같은 자리에 앉아 먹고 마실까요?... 저는 두렵습니다. 그리고 소망합니다. 무교병을 마음껏 먹고, 이 무교병이 되기를…

주님의 이름으로 무교병을 먹고 이 무교병 자체가 되시길 소망합니다.

2장. 무교절

3장.
초실절

고린도전서 15장 20절
그러나 이제 그리스도께서 죽은 자 가운데서 다시 살아나사 잠자는 자들의 첫 열매가 되셨도다

초실절은 말 그대로 첫 번째 이삭 한 단을 하나님께 드리는 절기입니다(레 23:10). 시기적으로 기독교의 부활절과 일치합니다. 즉 첫 열매 되신 예수 그리스도(고전 15:20, 23)의 절기라고 볼 수 있습니다. '초실절'이야말로 창세기 3장 15절의 원복음이 성취되는 날이기에, 우리 기독교회에서도 일 년 중 가장 중요하게 기념하고 있습니다. 바로, 여자의 후손이신 예수 그리스도께서 뱀의 머리를 상하게 하신 사건입니다.

초실절은 예수 그리스도의 승리를 기념하는 날이지만, 궁극적으로 예수 그리스도의 신부된 우리가 그리스도에게 속하여 예수 그리스도와 동일한 부활의 몸을 입게 될 것을 소망하는 날이기도 합니다. 그렇기 때문에 초실절이라는 말 자체도 소망 가득한 단어가 됩니다. 예수 그리스도의 부활은 우리의 부활과 긴밀하게 연결되어 있기 때문입니다.

초실절에 바치는 양에게는 그 조건이 세 가지가 있습니다(레 23:12). 일 년 되고 흠이 없는 숫양이어야 합니다. 일 년 된 양의 특징은 식용으로 가장 좋을 시기라는 점입니다. 양 특유의 노린내가 나지 않습니다. 그러나 일 년이 지난 양에게서는 냄새가 나기 시작합니다. 예수 그리스도께서는 가장 아름다운 청년의 시기에 초실절의 양이 되셨던 것입니다. 한 편, '흠이 없는', 이 부분에서 예수님을 제외한 전 인류가 이 조건을 만족시키지 못하여 탈락합니다. 모든 인간에게는 흠이 하나씩은 꼭 있기 때문이지요. 그렇다면, 숫양은 어떤 의미일까요? '머리'가 되신다는 의미입니다. 예수 그리스도께서 홀로 교회의 머리가 되시고, 신부 된 성도의 남편이 되신다는 것입니다.

하나님은 인류를 향한, 그리고 나를 향한 계획을 갖고 계십니다. 또한, 약속을 질서 있게 이루시는 분이 십니다. 사탄은 우리에게서 이 믿음을 무너뜨리려 합니다. 그래서 우리 삶 전반에 사회 문화적으로 규정된 서로 간의 약속들과 질서들도 의미 없이 무너져 내리게 만듭니다. 부모-자식 간의 질서와 부부 간의 질서를 깨뜨리며, 그로 인해 가족 간의 신뢰를 무참히 무너뜨리고, 이를 통해 교회 또한 분열시킵니다. 또한 사회와 국가 속에서 역사하는 분열의 영. 분명한 것은 이러한 일들의 주모자가 바로 사탄이라는 점입니다. 그러나 현대 크리스천들은 이에 대해 너무 무지하고, 관심이 없습니다. 그러나 이러한 일들을 바로 보고, 분별해야 할 것입니다.

예수 그리스도는 마지막 아담이 되셔서 '살려주는 영'이 되셨습니다(고전 15:45). 중요한 것은 우리가 첫 사람 아담처럼 흙에 속한 자가 아니라, 둘째 사람처럼 '하늘에 속한 자'라는 것입니다. '하늘에 속한 자'만이 하늘에 속한 이의 형상을 입게 됩니다(고전 15:49). 첫 이삭이 추수될 때, 땅에 있는 뿌리로부터 잘려져 나가야 하듯이, 우리의 뿌리 또한 잘려야 합니다. 내 부모로 받은 여러 가지 죄성들이 끊어지도록 기도해야 합니다. 말씀과 기도에 집중하는 것은 물론이요, 스스로 보지 못하는 나의 죄들을 알려주고 함께 기도해주는 사람을 곁에 두어야 합니다. 그래서 철저히 하늘에 속한 자로 살아가야 합니다.

첫 번째 열매를 따라가는 우리, '나중 열매'들이 이 땅에서 준비할 것은 거룩한 상태로 신랑 되신 예수께서 오실 그날까지 자신을 지키고, 다른 열매들도 거룩한 상태로 하늘에 속한 자 되도록 서로 선의의 경쟁을 하며 마음 밭에 성령의 열매를 부지런히 맺는 것입니다(창 2:15). 동시에 기억해야 할 점은, 저와 여러분을 향한 사탄의 최종목적이 이 부활을 막는 것이라는 점입니다. 하나님의 약속을 분명히 받고, 하나님의 구원, 최후승리를 누리는 것. 이것을 사탄은 가장 싫어합니다. 부활을 약속 받으셨습니까? 그러면 지키십시오. 왜냐하면 아담역시 에덴에 있을 때 하나님으로부터 지키라는 명령을 받았기 때문입니다.

창세기 2:15 여호와 하나님이 그 사람을 이끌어 에덴 동산에 두어 그것을 경작하며 지키게 하시고

여러분의 에덴은 어디에 있습니까? 바로 여러분의 마음. 그것이 에덴입니다. 경작하며 지켜야 합니다. 그냥 가만히 놔두면 안됩니다. 여러분은 교회에 다니시니까 여러분의 영혼은 개 교회 담임목회자가 알아서 경작하며 지켜야 할까요? 아닙니다. 목회자는 여러분을 위해 먹을 꼴을 준비하고, 먹입니다. 그리고 위해서 기도합니다. 이것을 제대로 못하면 저는 직무유기입니다. 그러나 여러분도 여러분의 마음을 경작하며 지키셔야 합니다.

그렇지 않으면 하나님 앞에서 각자 직무유기입니다. 여러분의 마음을 사탄이 빼앗아가지 않도록 지켜내셔야 합니다. 예수님에게 주목하는 것! 그 외의 것은 그것이 무엇이든지, 아무리 거룩해 보이고 정의로워 보이는 것이라고 할지라도 모두 사탄이 여러분의 마음과 시간을 빼앗으려는 계략, 또 하나의 공격 무기임을 잊지 마십시오. 그리고 정직하십시오. 하나님께서 말씀과 사람들의 말을 통해 알려주시는 것들이 있을 것입니다. 기도로 분별하고, 내가 들어야 할 말이라면 귀 기울이십시오. 하나님 앞에 설 날이 정말 얼마 남지 않았다고 생각하시기 바랍니다. 그리고 오늘 내가 들어야 할 말을 꼭 듣고, 마음을 경작하시기 부탁드립니다. 돌을 걷어내십시오.

마음 속에 바위가 들어 앉아 있다면 그것도 치워내십시오. 잡초가 무성하게 자라 있다면 낫으로 걷어내십시오. 뿌리까지 뽑아내십시오. 더러운 생각, 악한 마음, 믿음 없는 마음과 나태한 마음 모두 예수 그리스도의 이름의 권세와, 성령의 능력으로 불태워 버리고 마음 곳곳에 하나님의 말씀의 씨를 심어서 꼭 풍성하고 아름다운 열매가 자랄 수 있도록 하시기 원합니다. 그래야만 예수님과 같이 부활할 수 있기 때문입니다(히 11:16 참고).

한 가지 덧붙이자면, 신약시대에 제사장이나 레위인의 개념은 더이상 존재하지 않습니다. 중보자나 거룩한 성소에서 일할 수 있는 자가 따로 정해져 있는 것이 아닙니다. 다만, 복음을 전하는 자와 듣는 자는 존재합니다. 즉, 전도하는 자와 전도 당하는 자가 존재하는 것이지요. 그런데 전도하는 것을 성경에서도 '미련한 것'이라고 말합니다(고전 1:21).

하나님께서 왜 이 미련한 방법으로 구원하는 것을 기뻐하시는가? 그 이유는 바로 '살아있는 누구나' 할 수 있는 것이며, 대단한 지식이 필요 없는 것이기 때문입니다. 여기서, 첫 열매 되신 예수 그리스도 외에는 모두 나중 열매들입니다. 더 이상의 '다른 첫 열매'는 없습니다. 중세시대의 가톨릭 신학은 이런 면에서 철저히 잘못된 것입니다. 모든 성도는 성령을 통해 하나님과 직접 교제할 수 있습니다. 우리모두가 신랑 되신 예수님과 은밀히 말씀 안에 교제하고, 혼인 잔치에 참여할 그 날까지 스스로를 단장하며 준비해야 합니다.

단, 잊지 마십시오. 첫째 부활은 있습니다. 이것은 하나님 앞에 순교한 사람들의 부활이라고 보시면 되겠습니다.

요한계시록 20장 4-6절

또 내가 보좌들을 보니 거기에 앉은 자들이 있어 심판하는 권세를 받았더라 또 내가 보니 예수를 증언함과 하나님의 말씀 때문에 목 베임을 당한 자들의 영혼들과 또 짐승과 그의 우상에게 경배하지 아니하고 그들의 이마와 손에 그의 표를 받지 아니한 자들이 살아서 그리스도와 더불어 천 년 동안 왕 노릇 하니 5 (그 나머지 죽은 자들은 그 천 년이 차기까지 살지 못하더라) 이는 첫째 부활이라 6 이 첫째 부활에 참여하는 자들은 복이 있고 거룩하도다 둘째 사망이 그들을 다스리는 권세가 없고 도리어 그들이 하나님과 그리스도의 제사장이 되어 천 년 동안 그리스도와 더불어 왕 노릇 하리라

이 부활에 대해서 혼동하시는 분도 계실 것 같아서 정리하는 차원에서 말씀드리겠습니다. 유관순 열사와 주기철 목사님의 죽음이 같을까요? 다를까요? 두 분 다 순교일까요? 아닐까요? 제가 주님께 받은 바로는 다릅니다. 나라를 위해 죽는 것은 순교는 아닙니다. 물론 유관순 열사가 교회에 다니셨던 것은 확실합니다. 그러나 그 분의 신앙에 대해서는 하나님만 아십니다. 그렇기 때문에 조금 더 예민하게 말씀드리면, 그 분의 부활에 대해서는 확신까지 할 수는 없습니다. 그러나 주기철 목사님은 다르지요. 살아 생전에 다름 아닌, 신사참배를 거절하셨고, 그 때문에 옥고를 치르셨습니다. 신사참배 거부는 단순히 나라를 위한 일이 아닙니다. 하나님을 예배하는 자로서 마땅히 거부해야 할 신앙적 양심이기 때문에 주기철 목사님께서 생명을 걸고 신앙의 본을 보이신 것입니다. 이러한 죽음에는 능력이 있습니다. 그 죽음을 보고 경험한 사람들에게 신앙의 도움을 줍니다. 확신을 더합니다. 즉, 생명을 가져오는 죽음입니다. 그래서 다릅니다. 지금 나라가 어려운 상황입니다.

희생이 필요합니다. 기도가 필요합니다. 그러나 예를 들어, 대한민국을 위해 죽는 것이 순교라는 위험한 말은 조심하시기를 당부 드립니다. 예수님을 위해 죽은 성도들의 거룩하고 아름다운 죽음의 자리에 마음대로 같이 앉아버리는… 결국에는 그 분들의 순교를 먹칠하는 이야기가 될 수 있기 때문입니다. 분별하십시오. 더욱 깨어 조심하십시오. 지금도 지구 위의 어느 곳에서는 하나님을 예배하기 위해 혹은 예수 그리스도를 믿기 위해 생명을 드려 예배하는 자들이 있습니다. 오늘 초실절에 당부드리고 싶은 말씀 한 가지는, 예수님과 같이 부활하는 자는 '예수님을 위해 살고 예수님을 위해 죽는 자'라는 분명한 사실입니다. 주님의 군대 된 저와 여러분! 뒤를 돌아보지 말고 푯대를 향하여 깨어 달려나가시기를 주님의 이름으로 소망합니다.

4장.
오순절

33 다른 한 비유를 들으라 한 집 주인이 포도원을 만들어 산울타리로 두르고 거기에 즙 짜는 틀을 만들고 망대를 짓고 농부들에게 세로 주고 타국에 갔더니

34 열매 거둘 때가 가까우매 그 열매를 받으려고 자기 종들을 농부들에게 보내니

35 농부들이 종들을 잡아 하나는 심히 때리고 하나는 죽이고 하나는 돌로 쳤거늘

36 다시 다른 종들을 처음보다 많이 보내니 그들에게도 그렇게 하였는지라

37 후에 자기 아들을 보내며 이르되 그들이 내 아들은 존대하리라 하였더니

38 농부들이 그 아들을 보고 서로 말하되 이는 상속자니 자 죽이고 그의 유산을 차지하자 하고

39 이에 잡아 포도원 밖에 내쫓아 죽였느니라

40 그러면 포도원 주인이 올 때에 그 농부들을 어떻게 하겠느냐

41 그들이 말하되 그 악한 자들을 진멸하고 포도원은 제 때에 열매를 바칠 만한 다른 농부들에게 세로 줄지니이다

42 예수께서 이르시되 너희가 성경에 건축자들이 버린 돌이 모퉁이의 머릿돌이 되었나니 이것은 주로 말미암아 된 것이요 우리 눈에 기이하도다 함을 읽어 본 일이 없느냐

43 그러므로 내가 너희에게 이르노니 하나님의 나라를 너희는 빼앗기고 그 나라의 열매 맺는 백성이 받으리라

44 이 돌 위에 떨어지는 자는 깨지겠고 이 돌이 사람 위에 떨어지면 그를 가루로 만들어 흩으리라 하시니

오순절은 말 그대로 50일을 가리키며, 칠칠절 다음 날을 말합니다. 크리스천이라면 사도행전 2장의 오순절 성령 강림의 사건을 모르는 사람은 없을 것입니다. 유월절부터 오순절까지는 봄 절기이고, 나팔절부터 초막절까지는 가을 절기인데, 씨를 뿌리는 시기인 봄의 절기들에 주어진 약속들은 이미 성취되었고, 추수하는 가을의 절기들은 아직입니다. 우리 나라 절기들을 보면 농사에 초점이 맞추어져 있지요. 마찬가지로 이스라엘의 절기 역시 씨를 뿌리는 시기부터 열매를 맺는 단계로 나아가게 설계되어있습니다. 우리 하나님께서 농부이시기 때문입니다.

그 중 오순절은 봄 절기의 마지막 절기로서, 믿는 자들에게 성령을 보내주시기로 하셨던 약속이 이루어진 절기입니다(시 51:11, 엘 2:29). 오순절은 어떤 절기보다 우리와 직접적으로 연관이 있는 중요한 절기입니다. 왜냐하면 성령님은 하나님의 깊은 것까지도 통달하시는 분으로서(고전 2:10), 우리에게 할 말을 가르쳐 주시는 분이시기 때문입니다(눅 12:12). 또한 우리가 열매들을 맺을 수 있도록 하시고(갈 5:22), 우리의 길을 인도하시어 율법 아래에 있지 않도록 하십니다(갈 5:18). 궁극적으로 성령께서는 한 사람 한 사람을 성전으로 세우셔서 그 안에 거하시며(고전 3:16), 이들이 하나 되어 그리스도의 교회가 되게 하시고(엡 4:4), 하나님 나라를 의와 평강과 희락으로 세우십니다(롬 14:17). 그러나 단연코 성령님의 가장 중요한 역할은 사도행전 2장 11절과 4장 31절, 그리고 6장 10절에서 밝히 드러나듯이, 하나님과 예수 그리스도를 증언하시는 일입니다. 성령의 나타나심과 능력 역시, 그 자체를 위한 것이 아니라 복음을 전하기 위한 것입니다(고전 2:4). 마태복음 28장 18~20절까지 나타난 예수 그리스도의 지상 명령은, 아무리 강조해도 지나치지 않습니다.

특히 이 말씀을 헬라어 원문으로 잘 들여다보면, 명령하시는 말씀은 '제자를 삼으라'는 것 하나입니다. 제자로 삼을 때 동시에 이루어져야 할 것들이 세례를 베풀고, 모든 것을 가르쳐 지키게 하는 것입니다. 결국 단연코 우리에게 주어진 가장 중요한 사명은 '제자를 삼는 것'입니다. 우리 모두는 이 사명에 대해 거룩한 부담감을 가져야 합니다. 그러나 이 명령이 '임마누엘'의 약속으로 끝난다는 것은 의미심장합니다. 예수께서 어떻게 세상 끝날까지 우리와 함께하신다는 약속을 지키고 계시는 것일까요? 바로 성령님으로 함께하시는 것입니다.

사실, 성령님 때문에, 우리는 하나님 앞에 아무 변명이나 항변을 할 수 없습니다. 성령님이 계시기에 항상 기뻐하고 쉬지 않고 기도하고 범사에 감사할 수 있으며, 성령님이 계시기에 전도할 수 있고, 성령님이 계시기에 하나님의 능력과 지혜를 발휘할 수 있으며, 성령님이 계시기에 우리 각 사람이 하나님과 교제할 수 있는 것입니다. 또한 성령님이 모든 일을 이루어 나가시기에 교만할 수 없으며, 성령님께서 죄를 알려주시기에 회개할 수 있으며, 성령님께서 깨닫게 해주시기에 말씀을 듣고 읽고 믿을 수 있는 것입니다.

이처럼 하나님의 사역에 우리의 공로는 아무것도 없습니다. 이것을 알고 하나님 앞에 면류관을 모두 벗어드리는 것이 중요합니다(계 4:10). '내가 했다'는 생각이 내 마음을 채운다는 사실은, 내가 하나님의 받으실 영광을 모두 빼앗아버린다는 것이며, 엄밀히 보면, 이것은 사탄의 영벌에 이른 행동과 다름이 없는 크고 무서운 죄입니다. 우리에게는 성령께서 나를 통해 이루신 모든 일들을 기뻐하며 온전히 하나님께 영광을 돌리는 자세가 필요합니다. 우리는 선한 일을 도모하되, 오른손이 한 일을 왼손이 모르게 하여야 하고(마 6:3), 누가복음 17장 10절의 말씀처럼, 다 행한 후에 '우리는 무익한 종입니다. 우리가 하여야 할 일을 한 것 뿐입니다.'라고 고백하는 종들이 되어야겠습니다.

제가 서두에서 말씀드렸던 것 같은데, 요한계시록의 맨 뒤 결론이 무엇이었는지 혹시 기억하시는 분 계십니까?

요한계시록 22장 6-7

6 또 그가 내게 말하기를 이 말은 신실하고 참된지라 주 곧 선지자들의 영의 하나님이 그의 종들에게 반드시 속히 되어질 일을 보이시려고 그의 천사를 보내셨도다

7 보라 내가 속히 오리니 이 두루마리의 예언의 말씀을 지키는 자는 복이 있으리라 하더라

또 이 옆에 메노라 등대가 있는데 이것에 대한 예레미야의 말씀 기억하시나요?

예레미야 1장 11-12

11 여호와의 말씀이 또 내게 임하니라 이르시되 예레미야야 네가 무엇을 보느냐 하시매 내가 대답하되 내가 살구나무 가지를 보나이다

12 여호와께서 내게 이르시되 네가 잘 보았도다 이는 내가 내 말을 지켜 그대로 이루려 함이라 하시니라

살구는 지키라는 말과 히브리어 자음이 동일하다고 말씀드렸고, 메노라 촛대는 바로 살구나무를 형상화한 것입니다.

출애굽기 25장 31-34절

31 너는 순금으로 등잔대를 쳐 만들되 그 밑판과 줄기와 잔과 꽃받침과 꽃을 한 덩이로 연결하고
32 가지 여섯을 등잔대 곁에서 나오게 하되 다른 세 가지는 이쪽으로 나오고 다른 세 가지는 저쪽으로 나오게 하며
33 이쪽 가지에 살구꽃 형상의 잔 셋과 꽃받침과 꽃이 있게 하고 저쪽 가지에도 살구꽃 형상의 잔 셋과 꽃받침과 꽃이 있게 하여 등잔대에서 나온 가지 여섯을 같게 할지며
34 등잔대 줄기에는 살구꽃 형상의 잔 넷과 꽃받침과 꽃이 있게 하고

그러면 이 순금등대는 어떤 것을 상징할까요? 바로 성령을 가리킵니다.
스가랴 말씀도 함께 볼까요?

스가랴 4장 2-6절

2 그가 내게 묻되 네가 무엇을 보느냐 내가 대답하되 내가 보니 순금 등잔대가 있는데 그 위에는 기름 그릇이 있고 또 그 기름 그릇 위에 일곱 등잔이 있으며 그 기름 그릇 위에 있는 등잔을 위해서 일곱 관이 있고
3 그 등잔대 곁에 두 감람나무가 있는데 하나는 그 기름 그릇 오른쪽에 있고 하나는 그 왼쪽에 있나이다 하고
4 내게 말하는 천사에게 물어 이르되 내 주여 이것들이 무엇이니이까 하니
5 내게 말하는 천사가 대답하여 이르되 네가 이것들이 무엇인지 알지 못하느냐 하므로 내가 대답하되 내 주여 내가 알지 못하나이다 하니
6 그가 내게 대답하여 이르되 여호와께서 스룹바벨에게 하신 말씀이 이러하니라 만군의 여호와께서 말씀하시되 이는 힘으로 되지 아니하며 능력으로 되지 아니하고 오직 나의 영으로 되느니라

감람나무는 올리브 나무를 말하며 감람나무로 등잔에 들어가는 기름을 만듭니다. 이 기름을 따로 누군가가 계속 조달하는 것이 아니라, 아예 나무가 옆에 있습니다. 즉, 기름을 조달할 필요가 없이 기름이 끊임없다는 것을 의미하는 것입니다.

이 말씀이 요한계시록의 일곱 영과 이어집니다.

계 4:5 보좌로부터 번개와 음성과 우렛소리가 나고 보좌 앞에 켠 등불 일곱이 있으니 이는 하나님의 일곱 영이라

하나님의 일곱 영이 성령을 의미한다는 것을 확인할 수 있습니다. 정리하면 성령은 하나님으로부터 끊임없이 연결되어 받는 영원한 생명이요, 진리의 말씀을 말하는데, 이것이 말씀의 행함. 즉, 순종으로 이루어지는 것이 가장 중요한 것입니다. 말씀의 행함이 얼마나 중요한지를 알려주는 성경구절은 바로 이 부분입니다.

눅 13:6-9

6 이에 비유로 말씀하시되 한 사람이 포도원에 무화과나무를 심은 것이 있더니 와서 그 열매를 구하였으나 얻지 못한지라
7 포도원지기에게 이르되 내가 삼 년을 와서 이 무화과나무에서 열매를 구하되 얻지 못하니 찍어버리라 어찌 땅만 버리게 하겠느냐
8 대답하여 이르되 주인이여 금년에도 그대로 두소서 내가 두루 파고 거름을 주리니
9 이 후에 만일 열매가 열면 좋거니와 그렇지 않으면 찍어버리소서 하였다 하시니라

　제가 이 말씀을 처음 읽고 진지하게 잠이 잘 안 왔던 경험이 있습니다. 제가 생각해도 너무나 열매 없는 삶을 살고 있었기 때문입니다. 지금도 마찬가지인데, 사람이 말씀을 들어도 심장이 두근거리지 않고 잠이 너무 잘 온다는 것은 무디어진다는 뜻입니다. 양이 일년이 되어 죽어야 노린내가 나지 않고, 포도나무도 매 해 가지치기를 해야 열매를 맺는다는 것을 말씀드렸습니다. 매 년 죽음을 경험하는 심정으로 신앙생활을 하지 않으면 안 된다는 것을 뜻합니다. 그렇게 하나님 앞에 깨어 있지 않는다면, 우리는 하나님 앞에 설 수 없을 것입니다. 단순히 하나님을 믿고 교회에 열심히 나왔다는 것, 하나로 하나님께서 인정하신다면 저도 마음 편하고 좋겠지만, 성경에서는 결코 그렇게 말하고 있지 않습니다.

　오순절, 성령의 오시는 이 절기를 말씀드리는 지금, 사랑하는 성도님들께 사랑으로 권면합니다. 부디, 다시 태어나시길 원합니다. 성령으로 생명 얻는 회개(행 11:18)를 하시기 원합니다. 말씀을 듣고 지키는, 또한 성령의 열매 맺는 성도들 다 되시길 주님의 이름으로 축원합니다.

나팔은 히브리어로 요벨인데, 이것은 신호를 나타내기도 하지만
그렇게하여 시작되는 축제, 희년을 의미하기도 합니다.
나팔 소리가 날 때 믿는 자들은 깨어서 주님을 맞이해야 합니다.
물론 믿지 않고 하나님을 사랑하지 않으며, 돈을 사랑하고,
세상을 사랑하는 자들에게는 이 나팔 소리가
엄청나게 두려운 소리가 될 것입니다.

———————

5장.
나팔절

51 보라 내가 너희에게 비밀을 말하노니 우리가 다 잠 잘 것이 아니요 마지막 나팔에 순식간에 홀연히 다 변화되리니 52 나팔 소리가 나매 죽은 자들이 썩지 아니할 것으로 다시 살아나고 우리도 변화되리라 53 이 썩을 것이 반드시 썩지 아니할 것을 입겠고 이 죽을 것이 죽지 아니함을 입으리로다 54 이 썩을 것이 썩지 아니함을 입고 이 죽을 것이 죽지 아니함을 입을 때에는 사망을 삼키고 이기리라고 기록된 말씀이 이루어지리라

세상에서 가장 확실한 명제가 있습니다. 무엇일까요? 힌트는 모든 사람은 죽는다. 와 같은 명제입니다. 정답은 "모든 사람은 죽는다." 입니다. 이것을 이길 수 있는 명제는 없습니다.

세상은 계속 변하기 때문에 어떤 명제를 확실하게 말한다는 것은 어렵고, 종교적인 것 역시 명제의 영역이 아니라 신앙의 고백 차원이기 때문에, 제가 이 자리에서 말씀드리는 것은 엄밀히 말씀드려 명제가 아닙니다. 그러나 이 세상에서 살았던 모든 사람이 경험한 아주 평범하고 누구에게나 적용되는 명제가 바로 죽음이라는 것입니다. 오늘부터 말씀드릴 절기들은 죽음에 관련된 것입니다. 저와 여러분에게 정확히 언젠가 닥칠 일이기 때문에, 집중해서 들어주시기를 부탁드립니다.

 나팔은 히브리어로 요벨인데, 이것은 신호를 나타내기도 하지만 그렇게하여 시작되는 축제, 희년을 의미하기도 합니다. 나팔 소리가 날 때 믿는 자들은 깨어서 주님을 맞이해야 합니다. 물론 믿지 않고 하나님을 사랑하지 않으며, 돈을 사랑하고, 세상을 사랑하는 자들에게는 이 나팔 소리가 엄청나게 두려운 소리가 될 것입니다.

나팔절(레 23:23-25)은 유대력 7월 1일로 가을의 절기가 새롭게 시작되는 날이며, 나팔절로 시작해서 7월 10일인 대속죄일이 끝나는 시기까지 회개의 날들로 알려져 있습니다. 나팔절의 시기는 유대교 신년제라고도 알려져 있는데, 나팔절을 일컫는 '로슈 하샤냐(한 해의 머리)' 역시 그 의미를 담고 있습니다. 유대인들 가운데는 하나님께서 인간, 즉 아담과 하와를 창조하신 날을 기념하는 것이라는 이야기도 전해집니다. 중요한 점은 이 시기에 양의 뿔로 만든 나팔을 불어 이스라엘 백성이 하나님의 심판을 준비하게 하고, 기도와 회개로 스스로를 성결하게 하도록 하는 것입니다.

에스겔 33:3-5 3그 사람이 그 땅에 칼이 임함을 보고 나팔을 불어 백성에게 경고하되 4그들이 나팔 소리를 듣고도 정신차리지 아니하므로 그 임하는 칼에 제거함을 당하면 그 피가 자기의 머리로 돌아갈 것이라 5 그가 경고를 받았던들 자기 생명을 보전하였을 것이나 나팔 소리를 듣고도 경고를 받지 아니하였으니 그 피가 자기에게로 돌아가리라
요엘 2:15 너희는 시온에서 나팔을 불어 거룩한 금식일을 정하고 성회를 소집하라
이사야 58:1 크게 외치라 목소리를 아끼지 말라 네 목소리를 나팔 같이 높여 내 백성에게 그들의 허물을, 야곱의 집에 그들의 죄를 알리라

유대인들에게 나팔이 분다는 것은 '긴장하라!' '깨어있으라!'의 의미가 큽니다.

렘 42:14 또 너희가 말하기를 아니라 우리는 전쟁도 보이지 아니하며 나팔 소리도 들리지 아니하며 양식의 궁핍도 당하지 아니하는 애굽 땅으로 들어가 살리라 하면 잘못되리라

삼하 15:10 이에 압살롬이 정탐을 이스라엘 모든 지파 가운데에 두루 보내 이르기를 너희는 나팔 소리를 듣거든 곧 말하기를 압살롬이 헤브론에서 왕이 되었다 하라 하니라

 이와 같이 출격할 때(삿 7:20), 예배를 할 때(대하 29:28), 이스라엘 백성이 이동할 때(수 6:13), 회중을 모을 때(민 10:7), 새로운 왕이 세워질 때(왕하 11:14) 나팔이 불려졌기 때문입니다. 한편 크리스천에게 나팔이란, 예수님의 재림과 긴밀하게 연관이 됩니다. 마태복음 24장 31절을 보면, 예수님께서 '그가 큰 나팔소리와 함께 천사들을 보내니 그들이 그의 택하신 자들을 하늘 이 끝에서 저 끝까지 사방에서 모으리라'고 말씀하셨습니다. 바울 사도 역시 고린도전서 15장 52절에서 '나팔 소리가 나매 죽은 자들이 썩지 아니할 것으로 다시 살아나고 우리도 변화되리라'고 언급하였고, 데살로니가전서 4장 16절에서는 '주께서 호령과 천사장의 소리와 하나님의 나팔소리로 친히 하늘로부터 강림하시리니 그리스도 안에서 죽은 자들이 먼저 일어나고...'라고 기록하였습니다.

 나팔절의 구약적 의미와 신약적 의미를 통합하여 볼 때, 또 하나의 새로운 세계가 열리고, 새로운 아담과 하와가 나타나는 시기, 또한 예수께서 재림하셔서 죽은 자들과 산 자들이 부활의 몸을 입고 참 이스라엘 백성으로서 주님 앞에 모이는 시기라고 말할 수 있습니다. 준비된 자들에게는 새로운 세계가 열리는 시기가 될 것이요, 준비되지 못한 자들에게는 땅을 치고 후회하는 통한의 순간이 될 것입니다.

마 25:10-13 10 그들이 사러 간 사이에 신랑이 오므로 준비하였던 자들은 함께 혼인 잔치에 들어가고 문은 닫힌지라 11 그 후에 남은 처녀들이 와서 이르되 주여 주여 우리에게 열어 주소서 12 대답하여 이르되 진실로 너희에게 이르노니 내가 너희를 알지 못하노라 하였느니라 13 그런즉 깨어 있으라 너희는 그 날과 그 때를 알지 못하느니라

계 8:13 내가 또 보고 들으니 공중에 날아가는 독수리가 큰 소리로 이르되 땅에 사는 자들에게 화, 화, 화가 있으리니 이는 세 천사들이 불어야 할 나팔 소리가 남아 있음이로다 하더라

그렇다면, 우리는 나팔절을 어떻게 준비해야 할까요? 예수님께서 하늘로 올라가실 때 말씀하셨던 것을 기억해야 할 필요가 있습니다. 사도행전 1장 8절에 보면, '때와 시기는 아버지께서 자기의 권한에 두셨으니 너희가 알 바 아니요 오직 성령이 너희에게 임하시면 너희가 권능을 받고 예루살렘과 온 유대와 사 마리아와 땅끝까지 이르러 내 증인이 되리라'고 말씀하셨습니다. 이어서 흰 옷 입은 두 사람은 제자들에게 이와 같이 말합니다.

'너희 가운데서 하늘로 올려지신 이 예수는 하늘로 가심을 본 그대로 오시리라!' 사도행전의 말씀을 어떻게 하면 지킬 수 있을까요? 여기서 땅끝은 어디를 말하는 것일까요? 단순하게 '복음이 전해지기 가장 어려운 곳'을 의미한다면 말입니다. 어쩌면, 남을 향해서만 복음을 듣고 회개하라고 외치고 있는 나 자신이 될 수도 있습니다. 실제로 존경받는 목회자이신 고(故) 방지일 목사님께서는 한 평생 땅끝이 나라고 설교하셨습니다.

우리 성도들 모두는 꼭 나팔절을 준비해야 합니다. 혹자의 이야기처럼 그날에 세계를 뒤흔드는 전쟁이 있을 수도 있고, 소행성이 지구를 파괴하는 일이 생길 수도 있습니다. 그러나 크리스천에게 중요한 것은 결코 그것이 아닙니다. 한결같이 예수 그리스도에게 집중하고, 나 자신과 나에게 주어진 이들이 하나님 앞에 설 수 있도록 끊임없이 달려 나가는 것입니다. 바울 사도는 일생을 전도하며 삶을 보냈기 때문에, 이와 같이 말하였습니다. '그러므로 나의 사랑하고 사랑하는 형제들, 나의 기쁨이요 면류관인 사랑하는 자들아 이와 같이 주 안에 서라!(빌 4:1)' 우리 한 사람 한 사람의 유언이 이와 같다면 얼마나 좋을까요?

말씀을 정리합니다. 나팔질은 예수님의 재림 사건을 말합니다. 다시 오시는 그 날, 하나님의 나팔이 천지에 진동하듯 울릴 것입니다. 중요한 것은 내가 죽음을 이길 준비가 되어있느냐는 것입니다. 죽음을 이기고 다시 사신 예수 그리스도와 함께 죽음을 이길 수 있느냐는 것입니다.

52 나팔 소리가 나매 죽은 자들이 썩지 아니할 것으로 다시 살아나고 우리도 변화되리라

이 말씀을 잘 보십시오. 나팔 소리가 날 때 죽은 자들은 부활하고, 산 자들은 변화한다고 쓰여 있습니다. 저와 여러분. 이 말씀을 들으면, 이 세상에 무언가 사랑하는 것들로 내 주변을 채우는 것이 어떤 의미가 있습니까? 서두에 말씀드렸지만, 이 세상에서 살아가는 동안 가장 확실한 것은, 믿는 자든, 믿지 않는 자든 죽는다는 사실입니다. 통계에 의하면 하루에 전 인류 중의 17만명이 죽음을 경험합니다. 계산해보니, 1초에 1.96명 즉, 2명가량이 죽고 있는 것입니다.

즉 세상에서 가장 흔하고 평범한 일이 바로 이 죽음인 것입니다. 이 죽음을 어떻게 준비하고 싶으십니까? 이 땅에서 장례를 잘 치르는 것. 정말 부질없는 것입니다. 우리 사랑하는 성도 여러분, 오늘부터 인생의 반환점을 돌고, 그동안 이 땅에 쌓기 위하여 살았다면, 이제 저 천국에 쌓기 위해 사시기 바랍니다. 지금까지 이 땅의 장례를 잘 준비하기 위하여 살았다면, 오늘부터 저 천국에서 환영받기 위한 삶을 준비하시기 바랍니다. 하나님 나라에서 본격적인 삶을 잘 준비하여 인생의 시기를 가장 잘 보내는 저와 여러분 되시기를 예수님의 이름으로 축원합니다.

우리 성도들 모두는 꼭 나팔절을 준비해야 합니다.
혹자의 이야기처럼 그날에 세계를 뒤흔드는 선생이 있을 수도 있고,
소행성이 지구를 파괴하는 일이 생길 수도 있습니다.
그러나 크리스천에게 중요한 것은 결코 그것이 아닙니다.
한결같이 예수 그리스도에게 집중하고,
나 자신과 나에게 주어진 이들이 하나님 앞에 설 수 있도록
끊임없이 달려 나가는 것입니다.

6장.
초막절

레위기 23장 39-44절

39 너희가 토지 소산 거두기를 마치거든 일곱째 달 열닷샛날부터 이레 동안 여호와의 절기를 지키되 첫 날에도 안식하고 여덟째 날에도 안식할 것이요 40 첫 날에는 너희가 아름다운 나무 실과와 종려나무 가지와 무성한 나무 가지와 시내 버들을 취하여 너희의 하나님 여호와 앞에서 이레 동안 즐거워할 것이라 41 너희는 매년 이레 동안 여호와께 이 절기를 지킬지니 너희 대대의 영원한 규례라 너희는 일곱째 달에 이를 지킬지니라 42 너희는 이레 동안 초막에 거주하되 이스라엘에서 난 자는 다 초막에 거주할지니 43 이는 내가 이스라엘 자손을 애굽 땅에서 인도하여 내던 때에 초막에 거주하게 한 줄을 너희 대대로 알게 함이니라 나는 너희의 하나님 여호와이니라 44 모세는 이와 같이 여호와의 절기를 이스라엘 자손에게 공포하였더라

초막절(레 23:33-44)은 이스라엘 백성의 3대 절기 중 마지막 절기입니다. 광야에서 있었던 시간을 기억하는 절기로, 추수가 다 끝난 후이기 때문에, 이스라엘의 7대 절기 중 가장 기쁘고 즐거운 절기입니다. 초막절의 첫날부터 아름다운 실과와 종려나무 가지와 무성한 나뭇가지와 시내 버들을 취하여 너희의 하나님 여호와 앞에서 이레 동안 즐거워하라(레 23:40)는 말씀은 의미심장합니다. 마치 광야를 벗어나 오아시스 혹은 물이 풍성한 강가로 도착한 느낌이 듭니다.

초막절은 최종적 기쁨의 절기이며 온전히 즐거워해야 할 절기(신 16:15)임이 분명합니다. 즉, 완전한 기쁨의 나라, 하나님의 나라를 상징하는 것이지요. 아들의 나라와 아버지의 나라는 엄밀히 다른데(고전 15:24), 하나님의 나라는 아버지의 나라이고, 이 시기는 모든 원수가 멸망 받은 이후가 됩니다(고전 15:26). 원수의 심판이 끝나기 전에 성도들은 과연 온전히 기뻐할 수 있을까요? 그럴 수 없을 것입니다.

성경에서 하나님의 나라에 대한 비전은 어디에 있을까요? 요한계시록 21장 1~8절까지 아버지의 나라가 선포되는 광경이 기록되어 있다고 보입니다. 여기서도 중요한 메시지가 바로 생명수에 대한 약속(계 21:6-7)입니다. 하나님의 아들이 되는 자, 이기는 자, 목마른 자들에게 약속하시는 것이 바로 이 생명수 샘물인데, 알파와 오메가이시고 처음과 마지막이신 하나님께서 말씀하시는 것에 주목해야 합니다. 그뿐 아니라 예수님께서도 이 초막절(요 7:2)의 마지막 날(요 7:37)에 '누구든지 목마르거든 내게로 와서 마시라 나를 믿는 자는 성경에 이름과 같이 그 배에서 생수의 강이 흘러나오리라'고 선포하셨다는 점도 기억해야겠습니다.

봄의 절기인 유월절, 무교절, 초실절, 오순절, 가을의 절기인 나팔절, 대속죄일, 초막절을 차례로 알아보면서, 하나님의 우리를 향한 세밀한 계획에 다시 한번 놀라움을 금할 수 없습니다. 이 절기에서도 광야를 지나야 물이 가득한 하나님의 나라에 도착하는 과정, 저녁이 되고 아침이 되는 과정을 뚜렷하게 볼 수 있습니다. 또한 유대력으로 나팔절이 새해의 시작이라는 점도 그냥 지나칠 수 없습니다. 현재 우리는 봄의 절기에 살고 있으나, 가을의 절기는 곧 올 것입니다. 가을의 절기가 예고되지 않고 닥칠 것이라고 해서 두려움에 사로잡힐 필요는 없습니다.

하나님의 아름다운 속성 두 가지를 말씀드리겠습니다.
첫째는 하나이신 하나님이십니다.

신명기 6장 4절
이스라엘아 들으라 우리 하나님 여호와는 오직 유일한 여호와이시니

고린도전서 8장 6절
그러나 우리에게는 한 하나님 곧 아버지가 계시니 만물이 그에게서 났고 우리도 그를 위하여 있고 또한 한 주 예수 그리스도께서 계시니 만물이 그로 말미암고 우리도 그로 말미암아 있느니라

고린도전서 15장 28절
만물을 그에게 복종하게 하실 때에는 아들 자신도 그 때에 만물을 자기에게 복종하게 하신 이에게 복종하게 되리니 이는 하나님이 만유의 주로서 만유 안에 계시려 하심이라

스가랴 14장 7-9절

7 여호와께서 아시는 한 날이 있으리니 낮도 아니요 밤도 아니라 어두워갈 때에 빛이 있으리로다 8 그 날에 생수가 예루살렘에서 솟아나서 절반은 동해로, 절반은 서해로 흐를 것이라 여름에도 겨울에도 그러하리라 9 여호와께서 천하의 왕이 되시리니 그 날에는 여호와께서 홀로 한 분이실 것이요 그의 이름이 홀로 하나이실 것이라

하나님은 하나이시며, 모든 것이 결국 한 분의 통치 하에 하나가 될 것입니다.
이것은 놀랍게도 문이신 예수님께서 천국으로 향하는 유일한 통로가 되시며, 한 편 다른 두 개의 공간을 하나로 연결하는 깃과 관련이 있습니다. 예수님께서 비유를 통해서 천국에 대해 말씀하신 까닭도 바로 여기에 있습니다. 비유는 화자와 청자를 하나 되게 하는 놀라운 능력이 있습니다. 문을 열고 들어가면 즉, 비유를 깨닫고 들어가면 듣는 사람과 하나가 되기 때문입니다.

하나 됨은 또한 온전한 마음을 이야기하기도 합니다. 좌로나 우로나 치우치지 않는 것을 말하기도 합니다(신 2:27; 5:32; 17:11, 17:20, 28:14). 하나이신 하나님을 닮아 온전한 마음을 가져야 합니다. 이 온전한 마음은 나누어지지 않은 마음을 말합니다. 하나님께서는 완벽한 도덕적 생활이나 율법적 생활을 살아가는 사람을 찾으시는 것이 아닙니다. 하나님을 향하여 언제나 순전하게 두 마음을 품지 않는 사람을 찾으시는 것입니다.

흥미로운 사실은, 온전하다는 히브리어가 '타밈'인데, 이것은 '완성하다'는 의미를 갖습니다. 영원하지 않은 것, 즉 셀 수 있는 것들에 마음을 두지 마십시오. 내가 완성할 수 없기 때문입니다. 그런데 다 완성하셨다고 선언하신 분 한 분이 계시지요. 누구이신가요? 바로 예수 그리스도이십니다. 그분이 돌아가실 때 바로, '다 이루었다'고 선언하셨지요. 히브리어로 죽음은 '무트'입니다. 이것을 파자하면, 진리(물), 끝났다(이루었다) 이렇게 됩니다. 즉, 진리가 십자가 위에서, 죽음을 통해 완성되었던 것입니다.

로마서 7장 4절
그러므로 내 형제들아 너희도 그리스도의 몸으로 말미암아 율법에 대하여 죽임을 당하였으니 이는 다른 이 곧 죽은 자 가운데서 살아나신 이에게 가서 우리가 하나님을 위하여 열매를 맺게 하려 함이라

히브리서 9장 15절
이로 말미암아 그는 새 언약의 중보자시니 이는 첫 언약 때에 범한 죄에서 속량하려고 죽으사 부르심을 입은 자로 하여금 영원한 기업의 약속을 얻게 하려 하심이라

히브리서 9장 28절
이와 같이 그리스도도 많은 사람의 죄를 담당하시려고 단번에 드리신 바 되셨고 구원에 이르게 하기 위하여 죄와 상관 없이 자기를 바라는 자들에게 두 번째 나타나시리라

둘째는 언제나 현재이신 하나님이십니다. 이 강조점은 조금 다르지만 두 원리는 사실 하나의 원리인데, 알파와 오메가이신 하나님이라는 말에서 나타납니다. 알파와 오메가는 처음과 끝이지만, 그 둘이 결국 하나이기 때문입니다. 과거라는 시간과 미래라는 시간은 사실 개념 안에만 존재합니다. 내가 과거와 미래에 대해 어떻게 할 수 있는 것이 전혀 없습니다.

이것은 죽은 것과 마찬가지입니다. 그래서 살아계신 하나님께는 언제나 나의 현재에 주목하십니다. 어떻게 보면, '코람데오', 내가 하나님 앞에 서 있는 지금 이 순간만 존재하는 것입니다. 과거에 하나님을 잘 믿었'던' 나는 없습니다. 돈을 잘 벌면, 미래에 교회에서 충성되이 일'할' 나는 없습니다. 단지, 하나님 앞에 지금, 현재의 내가 하나님의 심판의 대상입니다. 우리에게는 오늘 하루가 전부입니다. 주님 앞에 서는 날, 바로 지금입니다.

마태복음 11장 28-30절
28 수고하고 무거운 짐 진 자들아 다 내게로 오라 내가 너희를 쉬게 하리라 29 나는 마음이 온유하고 겸손하니 나의 멍에를 메고 내게 배우라 그리하면 너희 마음이 쉼을 얻으리니 30 이는 내 멍에는 쉽고 내 짐은 가벼움이라 하시니라

힘이 센 어미 소의 역할을 우리 주 예수 그리스도께서 해주십니다. 어미 소와 송아지가 함께 멍에를 메고 밭일을 할 때, 실제로 일을 하는 것은 어미소 뿐입니다. 송아지는 따라다니는 것 밖에는 없습니다. 송아지는 구속 당해서 불편하지만, 똑바로 걷는 법을 배우고, 일하는 것을 배웁니다. 멈추어야 할 때 멈추고, 가야할 때 가는 방법을 배우는 것입니다. 정말 가치 있는 소가 되어가는 것입니다. 변해가는 것입니다. 이것이 바로 예수 그리스도와 하나되는 것입니다.

덧붙여 우리에게 가장 좋은 날은 언제일까요? 바로 지금 이 순간, 당신이 너무나 목마름을 느낄 때입니다. 내가 여전히 광야에 서 있다는 것을 느낄 때, 나에게 물이 없다는 것을 느낄 때, 너무 목이 말라서 오아시스가 신기루로 내 눈앞에 보일 때, 이 때가 바로 기회의 때입니다. 이 때가 내가 하나님을 찾는 때이고, 하나님께서 나를 만나주시는 때입니다. 이 때를 놓치지 마십시오. 내가 힘차게 땅에 내렸던 뿌리가 썩고 말라서 완전히 죽고, 하늘에 새로운 뿌리를 내리게 되는 때이기 때문입니다.

초막절은 과거에 초막에 머물렀던 것을 기념하는 절기입니다. 흥미로운 것은 이 초막절을 지키는 시기는 이미 가나안 땅에 도착한 상태라는 것입니다. 즉, '지금은 이 풍요한 가나안 땅에 살고 있지만, 한 때 우리 모두는 광야 그 엉성한 초막에 거했었지.' 라고 회상하는 절기라는 것입니다. 이 절기는 미래의 절기입니다. 그러나 하나님의 나라는 과거와 미래가 현재에서 실현되는 시공을 초월한 것이기 때문에 단순히 미래에 국한되는 절기가 아닙니다.

오히려 지금, 우리는 이 천국을 경험하고 누려야 합니다. 미래에만 있는 하나님 나라가 아니라, 가나안 땅이 아니라, 예수 한 분으로 인해 감사가 넘치고, 예수 한 분으로 인해 이곳이 나의 천국이 되는 그 신앙의 비밀. 이 은밀한 신앙을 저와 여러분 모두가 소유하시길 예수님의 이름으로 소망합니다.